最速で突破する
英語長文
1

入試基礎〜GMARCHレベル

代々木ゼミナール講師
栗山健太

JN039478

＊本書は、小社より2009年に出版された『でるもん 英語長文［基礎レベル］』『でるもん 英語長文［標準レベル］』の2冊を大幅に改訂した上で新規問題を加え、1冊に再編集したものです。

KADOKAWA

はじめに

この問題集は、今（2024年です）から10年以上前に出版された『でるもん英語長文』シリーズ全3冊の再編集版として、蛇足だった問題や解説は削り、より大切な事項に解説を加え、最新の問題も付け加えた形で構成されています。

旧版が世に出てから、大学入試の仕組みは大きく変わりました。

なかでも、4技能を（ある程度までは）満遍なく問うていた**センター試験**から、読解偏重・分量長大な**共通テスト**への変更が一番大きな変化でしょうか。80分という限られた時間のなかで、複雑な内容の問題に多数取り組まねばならず、センター試験時代と比べ平均点も下がっています。

今も代々木ゼミナールの教壇に立ち、大学受験生と日々接している私のもとには、「分量が多すぎて終わらない」とか、「速読の仕方を教えてほしい」とか、「解答を時間内に出し切るためのテクニックを教えてほしい」といった声が届きます。

それらを受けて、私には声を大にして言いたいことがあります。

「いくら分量が増えようが、制限時間が少なくなろうが、英文読解の根本的なやり方には変わりはない！」

つまり、**要求されている英語力は、10年前と何も変わってはいない**のです。

たしかに分量は増えました。でも、「できない！」と嘆く生徒さんに、80分で解くべき問題に対し240分を与えてゆっくり丁寧に解いてもらうと、むしろ点数が下がるという衝撃的な結果が出ました。

要は、間に合わせるために「雑に」「勘で」選んでいた方が点数が高かったのです。このやり方では成績が頭打ちになるのも無理はありません。

まずはゆっくりでよいので満点近い点数を取れるようになってから、時間というファクターを考えればよいのです。ゆっくりで解けない問題が、速く解いて解けるはずが（本来は）ないのですから。

そのため、この本では、「問題を解く」ことより、「**1文ずつ読む**」ことに焦点を当てました。

完全書下ろしの**第0回**で、基本的な事項についても徹底的に解説しています。

「**例題**」と書いてある問題は解いていただき、**第1回**以降もしっかり解答を出してから解説を読んでみてください。きっと役に立つ情報がみつかるはずです。

　入試の外見が変わった現在もまだ、**というより、「丁寧な読解」がおろそかにされがちな現在だからこそ**、役に立つ部分が数多くあると自負しています。最後まで諦めず取り組んでみてください。

栗山健太

音声ダウンロードについて

　本書に収録している英文をネイティブスピーカーが読み上げたMP3形式の音声ファイルをダウンロードすることができます。

https://www.kadokawa.co.jp/product/322312000216/
［ユーザー名］saisoku-chobun1 ［パスワード］kuriyama-202406

【注意事項】
- ●ダウンロードはパソコンからのみとなります。携帯電話・スマートフォンからのダウンロードはできません。
- ●音声はmp3形式で保存されています。お聴きいただくには、mp3を再生できる環境が必要です。
- ●ダウンロードページへのアクセスがうまくいかない場合は、お使いのブラウザが最新であるかどうかご確認ください。また、ダウンロードする前に、パソコンに十分な空き容量があることをご確認ください。
- ●フォルダは圧縮されていますので、解凍したうえでご利用ください。
- ●音声はパソコンでの再生を推奨します。一部ポータブルプレイヤーにデータを転送できない場合もございます。
- ●本ダウンロードデータを私的使用範囲外で複製、または第三者に譲渡・販売・再配布する行為は固く禁止されております。
- ●なお、本サービスは予告なく終了する場合がございます。あらかじめご了承ください。

スマホで音声をダウンロードする場合

abceed
AI英語教材エービーシード

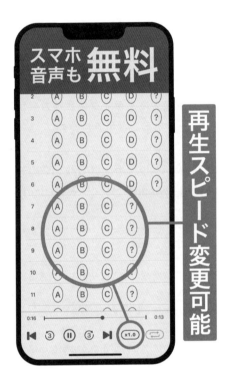

ご利用の場合は、下記のQRコードまたはURLより
スマホにアプリをダウンロードしてください。

https://www.abceed.com
abceedは株式会社Globeeの商品です。

目次

問題編

第 1 回 ｜「ドラえもん」への招待

次の英文の下線部(a)、(b)、(c)を日本語に訳しなさい。

What is DORAEMON? It is a humorous children's manga about a boy named Nobi Nobita. (a)He is so unlucky, weak and lazy that his descendants had to send the family robot back in time to help him out. That robot is Doraemon, and his four-dimensional pocket produces any number of futuristic gadgets and devices meant to help Nobita become something other than a complete failure in adulthood.

We see Nobita's parents as very typical for Japan of the 1970s, with the father a *¹ stocky and *² mellow salaryman, and the mother a hardworking housewife whose job it is to make sure Nobita studies hard and does his chores. Although *³ ferocious when angry, she is also caring and smart; (b)at heart she just wants her son to grow up to become a decent, hardworking adult with a bright future. Nobita's friends include the class *⁴ bully nicknamed Gian, the class rich kid Suneo who usually acts as Gian's *⁵ lieutenant, the gentle and smart girl Shizuka and the occasionally appearing super-brilliant Dekisugi. There's also their schoolteacher, a *⁶ stern man who has no *⁷ compunction against sending Nobita off to stand in the hallway for being late. In all this, Doraemon acts as the childhood friend or older *⁸ sibling we all wish we could've had: caring, smarter than us, with a sense of justice, and with a magic pocket that can produce the solution to any problem.

(c)A typical DORAEMON story starts with Nobita suffering from the abuses of Gian and Suneo, or doing badly in school, coming home crying, and being comforted by Doraemon. Doraemon patiently digs into his four-dimensional pocket and produces a new gadget that might offer the perfect cure for the problem ... until Nobita or his friends get too greedy.

*¹ stocky：ずんぐりした／*² mellow：温厚な／
*³ ferocious：恐ろしい／*⁴ bully：いじめっ子／*⁵ lieutenant：副官／
*⁶ stern：厳格な／*⁷ compunction：ためらい／*⁸ sibling：きょうだい

（公立気仙沼看護専門学校）

第2回 | 塩と社会

⏱15分
解答 → p.073

次の英文を読み、下の設問に答えなさい。

Most of us use salt every day. We use it when we cook our food. But (a)we think nothing of it because we can get it at a store or supermarket at any time we like. It is there, and we use it without (ア know) where it comes from.

But many, many years ago in Greece, salt was not so common as it is today. (A)(to / not / it / so / was / it / get / easy). Most people used no salt in their food at that time. Only rich people could use it because it was so expensive.

(b)Salt was once so hard to get that it was used as a kind of money. Roman workers were paid all or part of their wages in salt. The English word *salary* comes from the Latin word *salarium*. It means "salt money."

In ancient China, salt was almost as valuable as gold. In Europe before iceboxes were invented, salt was used to keep meat or fish from (イ go) bad. In some parts of Africa salt is taken to market in blocks. These blocks are as large as your textbook. At the market the blocks are broken into small pieces for sale. In some parts of the world there are still (c)people who have never seen or tasted salt.

問1 本文は何についての話か。次の①〜③のなかから選びなさい。
① 塩がどこで、どのようにして発見されたかということ。
② 塩は昔から調味料として砂糖よりも重要視されてきたこと。
③ 塩はいろいろな国でいろいろな使い方をされてきたこと。

問2 下線部(a)の理由を日本語で説明しなさい。

問3 （ ア ）と（ イ ）の語を適当な形に直しなさい。

問4 下線部(A)の（ ）内の語を意味がとおるように正しく並べ替えなさい。

問5 下線部(b)を日本語に訳しなさい。

問6 下線部(c)とはどのような人々か。日本語で書きなさい。

問7 本文の内容に合うように次の各文の（ ）内に適当な日本語を入れ、その文と最も関係の深いものを a〜e のなかから選び、1.〜5.にその記号を書きなさい。

① （　　　　）のないころには、肉や魚を保存するために塩を用いた。

（1.　　　　）

② 塩は高価だったので（　　　　）の人しか用いなかった。

（2.　　　　）

③ 塊のまま塩を（　　　　）に持っていき、砕いて売る。

（3.　　　　）

④ 塩は（　　　　）と同じくらいの価値だった。

（4.　　　　）

⑤ （　　　　）が塩で支払われたこともあった。

（5.　　　　）

> a 古代ギリシア　b 古代ローマ　c 古代中国　d ヨーロッパ　e アフリカ

（北海道医学技術専門学校）

第3回｜臓器移植への意見

⏱20分
解答 → p.080

次の英文を読み、下の設問に答えなさい。

Nearly three out of five Japanese survey *¹ respondents think (a)organs from children younger than 15 should be allowed for use in transplants, according to a Cabinet Office survey.

Under the current law, which went into effect five years ago, children under 15 are banned from donating organs.

The survey results indicate growing concern about Japan's Organ Transplant Law, which forces children (b)go overseas to receive life-saving (c)operations.

The survey released Saturday found that 59.7 percent of respondents think organs should be made available from children younger than 15, (d)while 19.7 percent are opposed to the idea.

The survey also showed that 36 percent of respondents wish to donate their organs if they suffer (　1　). In a survey conducted in 2000, 32.6 percent wished to do so.

To the contrary, however, the percentage of people aware of the existence of donor cards, which indicate cardholders' intention to donate their organs, dropped sharply to 68.9 percent from 81.1 percent in the previous survey.

Regarding whether the wishes of *² prospective donors under 15 should be honored, (e)32.4 percent of (A)(said / surveyed / those) other people, including family members, should decide, while 28.3 percent felt that children's wishes should be respected.

Some 2,100 of 3,000 people aged 20 or older responded to the survey conducted nationwide this summer.

*¹ respondent：（調査などの）回答者／
*² prospective：将来～となると思われる、見込みのある

問1　最も強く発音するところが下線部(a) organ と同じ位置にある語はどれか。次の①～⑨のなかから、2つ選びなさい。

(a)　or–gan
　　　1　2

① al–low　　② a–vail–a–ble　　③ con–cern
　　1　2　　　　1　2　3　4　　　　　1　2

④ in–clude　　⑤ per–cent–age　　⑥ pre–vi–ous
　　1　2　　　　　1　2　3　　　　　　1　2　3

⑦ re–gard　　⑧ re–sult　　⑨ suf–fer
　　1　2　　　　1　2　　　　　1　2

問2　下線部(b)を適する形にするには、どう記述するべきか。次の①〜⑦のなかから選びなさい。

①　go そのまま　　②　goes　　③　went　　④　gone
⑤　going　　　　　⑥　to go　　⑦　going to

問3　下線部(c)を日本語に訳しなさい。

問4　下線部(d)を、the idea の内容を明示したうえで、日本語に訳しなさい。

問5　空所（　1　）には「脳死」を意味する英語が入る。「脳」と「死」という英語を並べて、「脳死」を表す英語を書きなさい。

問6　下線部(e)の読み方を、英語の綴りで書きなさい。

問7　下線部(A)の（　）内の語を、意味がとおるように正しく並べ替えなさい。

問8　次の①〜⑦のなかから、本文の内容と一致するものを2つ選びなさい。

①　Japan's Organ Transplant Law prohibits 15-year-old children from donating organs.

②　It was not until five years ago that Japan's Organ Transplant Law became effective.

③　Children under 15 now don't have to go abroad to get organs when their organs are in seriously bad condition.

④　Less than half of the respondents said that children under 15 should also be allowed to donate their organs.

⑤　The percentage of the respondents who wish to donate their organs is smaller than that of the survey in 2000.

⑥　A smaller percentage of people today notice the existence of donor cards than in 2000.

⑦　More than one-third of the respondents thought the wishes of prospective donors under 15 should be honored.

（国立病院機構松本病院附属看護学校）

第4回 最古の人間がいたのは

次の英文を読み、下の設問に答えなさい。

University of California, Berkeley, researchers have discovered the oldest known *1 skulls of modern humans —— 160,000 year-old Ethiopian *2 fossils from the dawn of humanity that strongly support the theory that modern humans evolved (1) Africa.

The three skulls —— two from an adult and one from a child —— suggest that people very much like us (a)were thriving on the shores of a now-vanished freshwater lake in Ethiopia, butchering fish and *3 hippopotamuses, at a time (2) Europe was suffering a severe ice age.

Eventually, as their numbers grew, they (3) this *4 idyllic region to populate the rest of the world. *5 Genetic studies have long suggested an African origin for the human species, but (b)the fossil evidence supporting such an idea has been sparse —— fossils have been fragmentary and their dating has often been *6 ambiguous.

The new skulls are *7 intact, however, and the dating is firm, placing (c)them at (4) 30,000 years older than the best previously known skulls, and perhaps as much as 60,000 years older.

"Now, the fossil evidence *8 meshes with the *9 molecular evidence," said Tim White of UC Berkeley, lead author of the two papers published in Thursday's edition of the journal *Nature.* "*With these new *10 crania, we can now see* (5) *our direct ancestors looked like.*"

*1 skull：頭蓋骨（ずがいこつ）／*2 fossil：化石／*3 hippopotamus：カバ／
*4 idyllic：牧歌的な／*5 genetic：遺伝学の／
*6 ambiguous：あいまいな／*7 intact：損なわれていない／
*8 mesh with：うまく調和する／*9 molecular：分子の／
*10 crania：（craniumの複数形）頭蓋骨

問1 空所 （　1　）〜（　5　）に入れるのに最も適当なものを次の①〜③の
なかからそれぞれ選びなさい。

（　1　）　①　in　　　　②　with　　　③　for
（　2　）　①　if　　　　②　when　　　③　why
（　3　）　①　left　　　②　leave　　　③　leaving
（　4　）　①　last　　　②　least　　　③　first
（　5　）　①　when　　　②　while　　　③　what

問2　下線部(a)、(b)を説明するのに最も適当なものを次の①〜③のなかからそれ
ぞれ選びなさい。

(a)　①　苦しんでいた　　　②　繁栄していた　　　③　進化していた
(b)　①　このような考えを補充する化石の証拠
　　　②　このような考えを裏づける化石の証拠
　　　③　このような考えを仮定する化石の証拠

問3　下線部(c)が指示しているものを次の①〜③のなかから選びなさい。

①　the new skulls　　　②　genetic studies　　　③　numbers

（帝京医学技術専門学校）

第5回 | テレビの効用

⏱20分
解答 ➜ p.105

次の英文を読み、下の問1〜問4の空所（　1　）〜（　4　）に入れるのに最も適当なものを、①〜④のなかからそれぞれ選びなさい。

In many parts of the world, the influence of television is a matter of increasing concern. For years, critics of television have concentrated on the issue of the program content —— particularly violence —— as it affects viewers. The problem seems especially serious with regard to younger children. There is evidence that TV does in fact lead people to accept more violence in everyday life. How could this not happen when it presents violent acts, often with guns and knives, as normal and common occurrences?

In the last few years criticism of television has moved to a new stage by shifting the focus from the subject matter to the experience of the medium itself. The problem now with TV is not just what is seen but how it is seen. The way children watch it causes them to be passive, and some evidence suggests that such viewing might even affect the development of the brain in small children.

However, the worst aspect of television is the way it can interfere with family life. The "box" has too often become a substitute parent, taking over most of the work of introducing social and moral values to the child and developing them in him. Parents allow this to happen by using television like a drug for the purpose of keeping children quiet. Eventually the child comes to depend on the box and it becomes a necessary, lifelong habit.

While many children go through the "televison experience" and survive, many others are deeply affected by it. Much of the discussion of TV during the next few years will center on how to reduce the dangers which it presents, particularly to younger people. Already there are movements to try to ban TV advertising which is directed at children under a certain age. Perhaps this is just the beginning. In the end, some people may even go to the extreme of demanding the removal of such a powerful medium from the lives of young people. This might not be a practical solution, but we should not ignore the dangers of television.

問1 Televison has long been criticized mainly because (1).

① it causes younger children to waste time in front of it

② it encourages people, through advertisements, to want guns and knives

③ it makes people less willing to put up with violence

④ it shows violence, which influences, above all, younger people

問2 Recent criticism against TV has focused on (2).

① the active way of living that it promotes

② the influence of the content of programs on children's brains

③ the medium itself in relation to the development of children

④ the subject matter it shows to children

問3 The presence of TV may weaken the family by (3).

① encouraging children to rely on their parents

② giving children a greater sense of moral values

③ providing more time for the family to share together

④ taking over an essential part of parents' work

問4 The author states that certain people in society might finally attempt (4).

① to ban TV advertising aimed at young people

② to have children survive the "television experience"

③ to prohibit children from watching TV

④ to recognize the educational merits of the medium

（センター試験　本試）

第6回 人とテクノロジー

⏱25分
解答→ p.117

次の英文を読み、下の設問に答えなさい。

　Many people complain that high-tech society produces stress. At the same time, new technologies can also help to reduce stress. For example, during major natural disasters, people are able to maintain communication with others through high-tech means, such as home computers and the Internet. During the Great Hanshin Earthquake that struck Kobe on January 17, 1995, many of the normal means of communication were disrupted. Television and radio broadcasts were cut (　1　) and were only partially available for a time. However, because the telephone lines were working, people were able to communicate with their families and with local government agencies by computer. In many cases, they were able to reassure themselves that their families were safe. Technology provided these people with a way to get the information they needed to (a)set their minds at rest.

　In addition, high-tech products give many people endless hours of private enjoyment and pleasure. People who like to write novels or musical compositions for relaxation can prepare their work on computers much more easily. Furthermore, if they wish, they can share their work (　2　) other writers by computer. High-tech products also offer many additional opportunities to stimulate creativity. Many people enjoy preparing multimedia presentations for their friends and family members. These presentations can incorporate personal photographs, videos, personally-designed artwork, and special greeting. For those people who enjoy more passive pleasures, high-tech brings hours of entertainment into the home. Everything from movies to live concerts or sports events will soon be available to any home at any time through telephone lines and cable networks.

　One of the most precious commodities of modern life is time. And time is what high-tech can give people. Using home computers for (b)electronic shopping and banking can eliminate time-consuming errands that would otherwise have to be done in person. In the future, students will be able to access virtually all the information in many libraries through their home computers. Then, rather than wasting their precious time running from library to library, they can use it more fruitfully studying and writing.

　Isn't it strange that a major cause of stress in modern life is also sometimes a (3) for it? In many ways, modern technology can help us to relieve stress and enjoy healthier lives.

問1 次の空所 [1] ～ [4] に入れるのに最も適当なものを①～④のなかからそれぞれ選びなさい。

High-tech society [1].
① is not just stressful, but also prevents disasters
② not only produces stress, but also cures diseases
③ reduces stress and entertains people
④ produces stress, but, at the same time, reduces it

High-tech products [2].
① are good only for passive people
② stimulate creativity for all people
③ entertain people and give them more chances to be creative
④ bring people endless pleasure and creativity

Thanks to high-tech, people [3].
① can get information which they cannot get from libraries
② can consume a lot of time getting information
③ can save their time getting information
④ can get more precious information than others

In the future, people will [4].
① be able to access the Internet from anywhere
② be able to get all the information from the Internet
③ not need to go to many libraries to get information
④ not need to study and do research in libraries

問2 空所 (1) に入れるのに最も適当な語を次の①～④のなかから選びなさい。
① on ② up ③ in ④ off

問 3 空所（　2　）に入れるのに最も適当な語を次の①〜④のなかから選びなさい。

① with　　② for　　③ over　　④ without

問 4 空所（　3　）に入れるのに最も適当な語を次の①〜④のなかから選びなさい。

① answer　　② solution　　③ problem　　④ minor

問 5 下線部(a)に最も近い意味の表現を次の①〜④のなかから選びなさい。

① make them feel relieved

② make up their mind

③ make them rest for a while

④ make their mind and body feel secure

問 6 最も強いアクセントのある母音が、下線語(b)と同じものを次の①〜④のなかから選びなさい。

① eliminate　　② precious　　③ commodity　　④ banking

問 7 本文のタイトルとして最も適当なものを次の①〜④のなかから選びなさい。

① How to relieve our stress in society

② Stress from high-tech society

③ Stress and our high-tech society

④ The causes of our stress in high-tech society

（栃木県立衛生福祉大学校）

第**7**回 │ 感情を伝えるには

⏱20分
解答 → p.129

次の英文を読み、下の設問に答えなさい。

　Emotions are the strong feelings of the human spirit. We react to life and what happens to us and these reactions are expressed as human emotions. This process starts early in life. Babies soon smile, （　ア　） and （　イ　） to express how they feel. A little later they can express （　ウ　） when confronted with a situation that makes them feel afraid, and （　エ　） when they are stopped or hindered from doing something they want to do.

　Scholars debate （　1　） such emotions have their origin in the brain or from other parts of the body, but all of us can agree with Alexander Pope, who wrote *"passions are the elements of life."* (a)It's hard to imagine a person who felt no emotions, and certainly （　2　） of us would want to go through life feeling no emotions.

　Our inner feelings are communicated to others most clearly by our facial expressions. In fact, some scientists say that we learn to communicate our emotions and understand others' emotions by using facial expressions in the same way that we use spoken language.

　(b)As we grow up we must learn to control our emotions, for while some degree of emotion, such as fear of failing a test will make us study harder and improve our performance, too much emotion, such as great anger, can harm our interests. The degrees of emotions can be expressed in words. For delight a person can say he is （　3　） / happy / delighted / thrilled / ecstatic. For distress he can say he is displeased / （　4　） / disgusted / angry / mad / furious. We also make up phrases using metaphors to describe how we feel. For happiness we can say that we are "on top of the world" or "in seventh heaven" and for unhappiness, one is "in low spirits" or is "down in the mouth."

　When people go to a different culture they must learn a new language of expressing emotions, for a "hot-headed" type would find it hard to get （　5　） in Japan, （　6　） the expression of emotions is preferred to be done in a more subtle way.

問1 空所（　**ア**　）〜（　**エ**　）に入れるのに最も適当な語を次の①〜④のなかから選び、英語に直して入れなさい。

① 「怒り」　　② 「恐怖」　　③ 「笑う」　　④ 「泣く」

問2 下線部(a)、(b)を日本語に訳しなさい。

問3 空所（　1　）〜（　6　）に入れるのに最も適当な語を次の①〜④のなかからそれぞれ選びなさい。

（　1　）	①	that	②	how	③	whether	④ why
（　2　）	①	few	②	many	③	much	④ little
（　3　）	①	worried	②	wonderful	③	active	④ pleased
（　4　）	①	excited	②	sleepy	③	annoyed	④ dull
（　5　）	①	with	②	along	③	together	④ over
（　6　）	①	that	②	what	③	which	④ where

問4 次の①〜⑤のなかで本文の内容と一致するものには○、一致しないものには×を記入しなさい。

① Spoken language is the only way for us to communicate with each other.

② We can express our inner feelings by using facial expressions.

③ The ways people express emotions are sometimes different depending on their culture.

④ Using metaphors is one way in which we express our feelings.

⑤ Everyone agrees emotions originate in the brain.

（島田市立看護専門学校）

第8回｜イーグルとアメリカ

⏱15分
解答 → p.141

次の英文を読み、下の設問に答えなさい。

In 1782, soon after the United States won its independence, the *¹ bald eagle was chosen as the national bird of the new country. American leaders wanted the eagle to be a symbol of their country because it is a bird of strength and courage. They chose the bald eagle because it was found all over North America and only in North America.

Today, a little over 200 years later, the bald eagle has almost disappeared from the country. In 1972, there were only 3000 bald eagles in the entire United States. The reason for the bird's decreasing population was pollution, especially pollution of the rivers by (a)pesticides. Pesticides are chemicals used to kill insects and other animals that attack and destroy crops. Unfortunately, rain often washes pesticides into rivers. Pesticides pollute the rivers and poison the fish. Eagles eat these fish and then the eggs eagles lay are not healthy. The eggs have very thin shells and do not *² hatch. Eagles lay only two or three eggs a year. Because many of the eggs did not hatch and produce more eagles, the number of eagles quickly became smaller.

Today, the American government and the American people are trying to protect the bald eagle. The number of bald eagles is slowly increasing. It now appears that the American national bird will survive, and remain a symbol of strength and courage.

*¹ bald eagle：ハクトウワシ／*² hatch：孵化する

問1 bald eagle がアメリカの国鳥となった理由を次の①～⑤のなかから選びなさい。

① 頭の白い部分を権威の象徴と考えたから。

② 飛び立つ姿が勇敢であるから。

③ 強さと勇気の象徴と考えられ、北米だけに生息しているから。

④ あまり卵を産まないので、貴重だから。

⑤ 数が少ないので後世に残したいから。

問2 下線部(a)の意味を最も的確に表しているものを次の①～⑤のなかから選びなさい。

① 殺虫剤　　　② 防虫剤　　　③ 保存料

④ 合成着色料　　　⑤ 防腐剤

問3 bald eagle の数的変化のおもな原因を次の①～⑤のなかから選びなさい。

① 乱獲　　　② 水質汚染　　　③ 大気汚染　　　④ 酸性雨　　　⑤ 土壌汚染

問4 本文の内容と一致しないものを、次の①～⑤のなかから選びなさい。

① The United States won its independence before 1782.

② Amecican leaders wanted the eagle to be a symbol of their country.

③ In 1972, there were only 3000 bald eagles.

④ Pesticides pollute the rivers and eagles don't lay eggs.

⑤ Today, the American government and the American people are trying to protect the bald eagle.

（東京都立看護専門学校）

第**9**回｜アメリカにおける「プライベート」

⏱25分
解答 → p.150

次の英文を読み、下の設問に答えなさい。

(1)What is a personal question in one country may not be in another. For example, Americans may ask: "Where do you work?" "How many children do you have?" "How large is your house?" "Have you had a vacation yet?" (a)Such questions are not considered by Americans to be too personal. (2)They often ask such questions to learn what they may have in common with you or to begin a conversation. Please understand that such questions are meant to be friendly; the questioner is interested in you; he does not mean to be impolite.

(b)This is the way that Americans themselves get to know one another. Because Americans move from place to place in the United States so often, this type of questioning has become the normal way that they (c)become acquainted with the many new people they meet each year.

In countries where people remain in one town or city for most of their lives, the social customs are quite different. In such places, it may take a very long time before a visitor is asked questions about personal subjects such as his family, job, or home. But because things move much faster in the United States, Americans do not have the time for (d)formalities. They must get to know you today because in a short time they may move to another city far across the country.

To those visitors who come from countries where social relationships develop more slowly during a longer period of time, the American way may seem very frightening, too personal, and (e)rude. However, even in the United States, there are certain subjects that are avoided, (f)being considered too personal and therefore too impolite. These subjects (g)include a person's age, how much money he has, how much his clothes and other possessions cost, his religion, and his personal life.

If you are asked questions that seem to you too personal, you need not answer them. You can just say that you "do not know" or that "In my country that would be a strange question." Or, (3)you can change the subject of the conversation to something that is less personal.

問1　下線部(a)を能動態の文にするために、次の（　）内に適当な複数の語句を入れなさい。

Americans （　　　） such questions to be too personal.

問2　下線部(b)と同じ意味になるように、次の（　）内に適当な複数の語句を入れなさい。

Americans themselves get to know one another in （　　　）.

問3　下線部(c)と同じ意味の語句を文中から抜き出しなさい。

問4　下線部(d)の意味として最も適当なものを次の①〜④のなかから選びなさい。

①　型どおりの正装　　②　型どおりのあいさつ
③　型どおりの質問　　④　型どおりの手順

問5　下線部(e)と同じ意味の語を文中から抜き出しなさい。

問6　下線部(f)の書き換えとして最も適当なものを次の①〜④のなかから選びなさい。

①　because they are considered　　②　if they are considered
③　though they are considered　　④　till they are considered

問7　下線部(g)の反意語を書きなさい。

問8　下線部(1)〜(3)を日本語に訳しなさい。

問9　本文の趣意を最も正しく表していることわざを次の①〜⑤のなかから選びなさい。

①　A rolling stone gathers no moss.
②　Habit is a second nature.
③　Necessity knows no law.
④　So many countries, so many customs.
⑤　When in Rome do as the Romans do.

（九州保健福祉大学）

第10回 | 貴重な時間の使い方

⏱15分
解答 → p.161

次の文章の下線部を和訳しなさい。

What time of day do you feel your best? Some people may feel most energetic during the first few hours of the morning. Evening might be the best time of day for night owls. Now ask yourself, "Who gets those hours?" Do you spend your best hours checking emails, catching up on work or doing tasks for your family? Try giving that time to yourself instead. Use it to focus on your priorities, rather than someone else's. <u>You can use that hour or two for anything you want — it might be for a hobby, a project that you feel passionate about, time with your children or to volunteer and help others. Setting aside your best hours to focus on personal goals and values is the ultimate form of self-care.</u>

（奈良女子大学）

難易度 ★★★☆

第11回 | AI研究の社会的側面

⏱15分
解答→ p.166

Read the passage and select the best option for each question.

With the emergence of AI, researchers have argued for more cooperation across disciplines to better understand AI in a social context. To bring about such collaborations, it will be of great importance to (　1　) the current gap between technological and social analyses of AI.

In the scientific community, research on AI is commonly divided into technological concerns (connected to natural sciences and engineering) and social concerns (connected to social sciences and humanities＊). (2) These two research areas have been largely separate from each other. Even when the social impact of AI is recognized, there is typically a separation between first viewing AI as a technical object and then later, only after it has been implemented＊＊, seeing that it may have social consequences.

(3) This separation is contradictory and creates practical and analytical problems for the simple reason that technology is always already social. For example, if attempting to carefully analyze an AI system, it would be difficult to distinguish human material from nonhuman material. For the same reason, it is too simple to say that humans cooperate with physical objects when they encounter AI. Technology can therefore not be approached as a neutral object, separated from things referred to as social. To better understand AI technology in the context (　4　) it operates, the fact that these two concerns cannot be separated needs to be reflected in AI research.

(5) By focusing on how the challenges of AI research relate to the gap between technological and social analyses, scientists will be able to propose practical future steps for AI research and achieve fruitful cooperation.

(adapted from *Humanities and Social Sciences Communications*, 2021)

＊humanities：人文科学
＊＊implement：組み込んで使用する

1.　Select the best option to fill in (　1　).

A.　address　　B.　challenge

C.　increase　　D.　widen

2. What does the expression (2) These two research areas refer to?

A. AI and technology

B. natural sciences and engineering

C. the humanities and social sciences

D. the technological and the social

3. What does the expression (3) This separation refer to?

A. AI being made of material objects for humans to cooperate with socially and technologically

B. AI being viewed as having social consequences only after it has been implemented

C. the scientific communities being unable to be divided into technological concerns and social concerns

D. the social impact of AI being fully recognized throughout its implementation process

4. Select the best option to fill in (4).

A. by which

B. how

C. in which

D. when

5. Which of the following is the best paraphrase of the underlined sentence (5)?

A. AI research is independent from any other field, and deals only with nonhuman objects.

B. AI research is related mainly to practical studies of human achievements.

C. Better AI research can result from bridging the gap between disciplines.

D. Scientists' rapid progress has been closely linked to technological and social analyses.

（駒澤大学）

第12回 | マドレーヌ・ヴィオネの生涯

🕐15分
解答 → p.181

次の英文を読んで、設問に答えなさい。

Madeleine Vionnet was a French fashion designer, born in 1876. She was a creative designer, and was credited with starting several trends. Because her family was poor, she started working for a dressmaker when she was 12 years old.

At 18 years of age, Vionnet was in London, learning about fashion from the famous dressmaker, Kate Reily. Vionnet's next employer was also famous - the Callot sisters, who were four French sisters with a passion for design. Their clothing, like that of Kate Reily, can still be seen in museums. Vionnet said that the Callot sisters' company was where she improved her skills. She compared the creations she made before working there and the ones she made afterwards to the differences between an average car and a Rolls-Royce*.

Vionnet became so sure of her skills that in 1912 she started her own fashion design company. She was one of the first designers to make soft, flowing clothing, and to have fashion show models walking without shoes. Because of ideas like these, she already had a reputation for creativity when she started to make clothes in non-traditional ways. Specifically, she used what is called a "bias cut"*, where the cloth is used diagonally* across the body.

Vionnet's bias cut had a number of advantages. It allowed women's clothes to look more feminine, and feel more comfortable when being worn. The bias cut also enabled women to move more easily and naturally than before. Actresses loved Vionnet's clothing because it meant that they looked better on the screen and could give more effective performances. Her foreign clients included Joan Crawford and Greta Garbo. She was so popular that Vionnet had shops in France and in America.

Vionnet was also a good employer. She gave her workers paid time off, provided day care for the children of working parents, and had a company doctor to take care of workers' health. But life was not always easy for Vionnet. World Wars I and II both forced her to stop working, and she was a very private person who did not like the publicity that her fame created. She influenced European, American, and Japanese fashion designers, and was 98 years old when she died.

*Rolls-Royce＝ロールス・ロイス社製の自動車
*bias cut＝バイアス・カット
*diagonally＝斜めに

問 次の英文 (A) 〜 (O) の中から、<u>本文の内容と一致しないもの</u>を5つ選んで、その記号をマークしなさい。

(A) Vionnet credited herself for starting more than one trend.

(B) Vionnet's family was not wealthy.

(C) Kate Reily made dresses in London.

(D) Works by both Reily and the Callot sisters are on display in museums.

(E) Vionnet made cars while working for the Callot sisters.

(F) Vionnet's confidence enabled her to start a company of her own.

(G) Vionnet was considered creative once she used the bias cut.

(H) The bias cut had more than one benefit.

(I) Dresses made with the bias cut were especially popular among actresses.

(J) Greta Garbo was the reason that Vionnet had shops in more than one country.

(K) Vionnet supported workers who were parents.

(L) Vionnet's life was not entirely easy.

(M) More than once wars prevented Vionnet from working.

(N) Vionnet did not enjoy being famous.

(O) Vionnet was influenced by Japanese and other fashion designers.

（九州産業大学）

第**13**回 | 氷に隠された歴史

次の英文を読み、下の問1～問3の空所（　1　）～（　3　）に入れるのに最も適当なものを、①～④のなかからそれぞれ選びなさい。

Several years ago, certain scientists developed a way of investigating the nature of the atmosphere of the past by studying air caught in the ice around the North or South Pole. According to their theory, when snow falls, air is trapped between the snowflakes. The snow turns to ice with the air still inside. Over the years more snow falls on top, making new layers of ice. But the trapped air, these scientists believed, remains exactly as it was when the snow originally fell.

To find what air was like three hundred years ago, you use a drill in the shape of a hollow tube to cut deep into the layers of ice. When you pull up the drill, an ice core made of many layers comes up inside it. Then, back at the laboratory, you count the layers in the core — each layer represents one year — to find ice formed from the snow that fell during the year to be studied. Using this method, these scientists suggested that the amount of carbon dioxide (CO_2), one of the gases which may cause global warming, had increased greatly over the last two hundred years.

A Norwegian scientist, however, pointed out that there might be a problem with this method. He claimed that air caught in ice does not stay the same. In particular, he said, the quantity of CO_2 does not remain stable, since some of it is absorbed by ice crystals, some enters water, and some locks itself up in other chemicals. If this were true, then there could have been more CO_2 in the past than we thought. Even so, measurements taken over the past thirty years show that CO_2 has increased by over ten percent during this short period.

問 1　Certain scientists claimed that (　1　) .

① atmospheric gases increase the yearly amount of snow

② falling snowflakes change the chemical balance of the air

③ the action of atmospheric gases causes snow to turn into ice

④ the air held between snowflakes keeps its original nature

問 2　In order to study atmospheric gases for a particular year, these scientists had to (　2　) .

① count how many cores were necessary for measuring trapped air

② examine the different kinds of snowflakes

③ identify a particular layer in the ice core

④ measure how hollow each layer was within the core

問 3　A Norwegian scientist questioned the usefulness of ice-core analysis, claiming that (　3　) .

① ice absorbs more CO_2 when the core is pulled out

② ice has effects on global warming by reducing CO_2

③ the amount of CO_2 within the ice changes in several ways

④ the quality of the ice might be affected during the drilling

（センター試験　本試）

第14回 | 人間と海

⏱25分

解答 → p.200

次の英文を読み、下の設問に答えなさい。

Human activity has altered nearly half of the land surface of the Earth, which is now hurtling towards an extinction crisis, an international conference heard yesterday. If the current trends continue, (1) one and two-thirds of all plant and animal species, most in the tropics, will be lost during the second half of the next century, more than 4,000 scientists from 100 countries (2) at the International Botanical Congress (a)being held in St Louis this week.

Its president, Dr Peter Raven, a world leader in plant conservation and director of the Missouri Botanical Garden, said only 1.6 million organisms out of up to 10 million on the planet had yet to be scientifically recognized. "In the face of the worldwide extinction crisis, (A)(redouble / we / to / efforts / our / should / learn) about life on Earth while it is still relatively well represented," he added.

Prof Jane Lubchenco, of Oregon State University, presented findings that showed a "disturbing (3) trend in the Earth's ability to maintain the quality of human life." (4) her study of the *human footprint on Earth*, close to 50 per cent of the land surface of the planet has been transformed by humans, such as by filling in wetlands, converting tall grass prairies into cornfields, or converting forests into urban areas. And humans have more than doubled the amount of available nitrogen in the environment because of excess fertilizer use and (b)burning of fossil fuel. Prof Lubchenco pointed out (1)that while human domination of land masses is clear, the new data also indicates a dramatic alteration of Earth's oceans.

"We've long thought of oceans (2)as having an infinite ability to provide food and other goods and services to humans. But the massive human-wrought changes in our oceans are (3)impairing their ability to function as we assume they will," said Prof Lubchenco. There are now also 50 "dead zones" (c)containing little or no oxygen in coastal waters. The largest one in the Western Hemisphere is in the Gulf of Mexico, caused by excess nitrogen and phosphorus (d)flowing down the Mississippi river.

問1 空所（　1　）に入れるのに最も適当なものを次の①〜④のなかから選びなさい。

①　between　　②　within　　③　among　　④　from

問2 空所（　2　）に入れるのに最も適当なものを次の①〜④のなかから選びなさい。

①　taught　　②　represented　　③　said each other　　④　were told

問3 下線部(a)〜(d)の "ing" を持つ語のなかで1つだけほかの語と語法が異なるものがある。異なるものを次の①〜④のなかから選びなさい。

①　being　　②　burning　　③　containing　　④　flowing

問4 下線部(A)の（　）内の語を意味が通じるように正しく並べ替えたとき、（　）内で数えて5番めにくる語を次の①〜④のなかから選びなさい。

①　learn　　②　redouble　　③　efforts　　④　to

問5 空所（　3　）に入れるのに最も適当なものを次の①〜④のなかから選びなさい。

①　positive　　②　negative　　③　political　　④　economic

問6 空所（　4　）に入れるのに最も適当なものを次の①〜④のなかから選びなさい。

①　Before long　　　　②　So far as

③　Consequently　　　④　According to

問7 下線部(1)の "that" と語法的に同じ "that" を含む文を次の①〜④のなかから選びなさい。

①　The equipment <u>that</u> had been loaded on the truck was driven to the site.

②　The trouble is <u>that</u> my husband does not work at all.

③　I was so tired <u>that</u> I could not get up.

④　This is the only paper <u>that</u> contains the terrible accident.

問8 下線部(2)の "as" と語法的に同じ "as" を含む文を次の①〜④のなかから選びなさい。

① He is known <u>as</u> a great scientist.
② <u>As</u> I was late, so I got on a taxi.
③ She told me about the old city <u>as</u> she knew it twenty years ago.
④ Just <u>as</u> we were going out, there was a small earthquake.

問9 下線部(3)の "impair" とほぼ同じ意味の語を次の①〜④のなかから選びなさい。

① alter   ② pollute   ③ induce   ④ damage

問10 次の与えられた語句に続けて本文の内容に一致するような文を完成させるために、最も適当なものを下の①〜③のなかから選びなさい。

Human activity has transformed the land surface of the Earth by …………

① using chemicals which are so dangerous for organisms.
② developing the natural world for the sake of humans.
③ inquiring forests or wetlands scientifically.

（麻布大学）

第15回 移民たちがつくりあげた街

🕐20分
解答 ➡ p.211

次の英文を読んで、問いに答えなさい。

Pilsen is an old community in Chicago with a long history. This part of Chicago started small and got bigger, as most neighborhoods in the city did. Its cultural history is about moving, changing, and connecting. Many people have moved there over the decades. This movement started when immigrants chose to settle in this part of the city when Chicago was growing rapidly. An immigrant is a person who moves from one country to another. Pilsen's first people spoke German. They had moved from Germany. If you go to Pilsen today, you will see some of the places they built. But when they first moved there, it had just a few homes. Then immigrants continued to migrate* there; newcomers moved to Pilsen so they could be near people who came from the same country.

Many immigrants found homes and jobs in Pilsen, and ₁ it was a time of challenge and change for them. They had to figure out how to live in the new country. They had to find a place to live, and they needed employment for income. They worked on railroads and on docks* along the Chicago River, loading and unloading* lumber*, and in factories, too. They had a lot to do to make a home in their new country, and it was not easy to accomplish* the changes. Cooperation and collaboration* were important for the progress of each family and the whole community.

The newcomers built churches, created gardens, opened stores, and set up newspapers. The newspapers were ₂ published in their own language, and they were a way to educate the newcomers about their own community and the city through articles and editorials*. Many entrepreneurs* opened businesses, and soon the community was bustling*. Some social workers supported this progress; they guided the immigrants who ₃ kept coming to the community. They set up settlement houses, where people could learn English and get help finding work and housing. But then there was movement out of the community; it was a local migration to suburbs and other parts of the city. People were ₄ looking for more opportunities. As the population declined, businesses closed.

Then there was another movement into Pilsen, which you'll see a symbol of if you go to 1831 South Racine* today. There you will find Casa Aztlan, which is a Mexican-American center. About 50 years ago, many Mexican Americans moved to Pilsen from another part of Chicago—so the community was renewed. They liked the buildings; they wanted to create a Mexican-American community. They joined the churches of Pilsen. To avoid conflict, leaders of the Mexican Americans and European Americans talked about ways to collaborate to continue Pilsen's progress. One way the two groups worked together was to create murals, which are enormous paintings on walls. Pilsen has many beautiful murals created during that period. When you see those murals you will notice that there are symbols of Germany and other European countries as well as representations of Mexican history. They are inter-cultural* art that represents the connections that were made through that collaboration.

Pilsen used to be called the "Heart of Chicago" when people first settled there; then there was an exodus*. But through the second migration, it became the "Heart of Chicago" again, this time for families from Mexico. People opened businesses, and Mexican-American community groups supported the community's families. ₅ Now as in the past there still are organizations that help people who move to this part of Chicago.

〔後略〕

(Adapted from Barbara Radner, "Pilsen," Polk Bros. Foundation Urban Education, 2007)

（注）
*migrate　移動する
*editorials　社説
*docks　波止場
*entrepreneurs　事業家
*unloading　～をおろす
*bustling　にぎわう
*lumber　木材
*1831 South Racine　固有の住所
*accomplish　～を成し遂げる
*inter-cultural　異文化間の
*collaboration　協同
*exodus　定住者の大移動

問1　本文の内容を考え、下線部1～5の内容の説明として最も適切なものを①～④から1つずつ選びなさい。

1. it was a time of challenge and change for them
① they were enjoying time with family and friends
② they had many things to read and write
③ they faced problems and new situations
④ they wanted to learn about the past and future

2. published in their own language
① printed in English to help them learn
② used to invite new immigrants to Chicago
③ written with simple vocabulary and grammar
④ made available in a way that they could best understand

3. kept coming to
① constantly arrived in
② frequently shopped in
③ moved slowly back to
④ held firmly on to

4. looking for more opportunities
① seeking chances to do better things
② building much bigger houses
③ planning to raise large families
④ watching the neighborhood change

5. Now as in the past
① For the moment
② Just like before
③ Since it was different
④ Not in the future

問2　本文の内容を考え、次の問い6 ～ 10の正しい答えになるものを① ～ ④
から1つずつ選びなさい。

6. Why did the immigrants who came after the first Germans decide to stay in Pilsen?

① To take advantage of the many homes available.

② To enjoy the Mexican-American food at local restaurants.

③ To see the suburbs that well-known entrepreneurs helped to build.

④ To be close to those who moved from the same geographical area.

7. Why were cooperation and collaboration important for the immigrants who first arrived in Pilsen?

① They needed to help each other to improve their lives.

② Some people did not want to work for a living.

③ Everybody wanted to move to a nicer place.

④ People needed to construct railroads elsewhere.

8. What do the murals represent?

① A good business opportunity for the people.

② A great work of art by a famous artist.

③ A commitment to harmony among cultures.

④ A description of a historical event in Europe.

9. Why was Pilsen called the "Heart of Chicago" a second time?

① Because Pilsen became the capital of Chicago.

② Because many people left Pilsen permanently.

③ Because many people loved Pilsen so much.

④ Because it became home for a newly arrived group.

10. Which of the following would best describe the community of Pilsen?

① It was built fairly recently.

② It has been influenced by big companies.

③ It has continuously developed in new ways.

④ It has had a stable economy.

（神奈川大学）

解 答 編

第 0 回 その1 文型の基本

　（いきなりの言い訳ですが、この本は確固たる英語の基礎学力を築き、それを活かしながら難関大学の長文にも対応できる力を身につけられるように書かれています。つまり大学受験参考書なのです。専門書ではありません。英語や日本語などの言語学のプロの方が見ると、「おいおい用語の解釈が雑すぎるよ」とか、「補語の説明、いい加減過ぎる。これは間違っている」などというツッコミがあると予想します。

　その批判は全て私自身が受け止めます。申し訳ありません。ただ、大部分の大学受験生にとって、細かい用語の定義は必要がないのです。なるだけ不正確にはならないよう気をつけますが、生徒ではなく、「同業者から批判が起きないように…」とか、正確性を重視するあまり回りくどい表現や平凡すぎる説明ばかりになってしまい、一般の生徒にとって、わかりづらいであろう参考書もたくさん見てきました。でもそれでは大学受験参考書の役割を果たせていないではないですか！

　ということで、この本では、一般の生徒のみなさんが「わかりやすい！」と思えた上、大学入試の文章を読む上で不自由のないところまでは進むことができるレベルを保てるような説明にしてあります。泥沼にハマりそうになる部分には目をつぶって、あえて単純明快な解説になっていることをご容赦ください。以上、言い訳でした）

＊

　この本を手にしている皆さんの現在の学力はバラバラでしょう。しかし、この本は大学受験用参考書の「**読解の基礎レベル**」ですから、少なくとも英文読解自体があまり得意ではないと思います。

　私自身も高校3年生時点では次のような生徒でした。

> 「中学生までは英語に対して苦手意識はなかったのに、**高校生になってから（ナメて勉強を怠っていたら）まったくわからなくなっていた**」
>
> 「マークタイプのテストではある程度の点数は取れるけれど（もちろん自信はないけれど）、**記述模試の成績はひどすぎる**（200点満点で36点とか）」

　だから「そういう生徒」の弱点がどこにあるのかが一番よくわかります。なにせ自分がそうだったので。そしてそれを克服して今に至るので。

　ですから、勝手な話なのですが、「そういう人」（＝高校生になってから苦手意

識が増した人、記述を要求する設問が苦手な生徒）に向けて、このチャプターでは話をしようと思います。そうすれば、結果的にはどのような人にも役に立つ話になると思います。

「高校で英語が（突然 or さらに）苦手になった生徒」のほとんどが、次の2つをどちらとも身につけていません。

Point1 英語を学ぶ上で絶対に身につけておくべき事柄
❶ 単語力
❷ 英語の仕組みに対する知識

❶は本人の努力次第です。どんな言語であれ、母語以外の言葉では単語の知識は意識的に増やさないと得意にはなれません。単語集を使ってがんばれ！

　ここで説明を加えたいのは❷です。
　英語の仕組みは、日本語のそれとは根本から異なります。たとえて言うならばサッカーとラグビーくらい違います（サッカーの試合でラグビーのタックルをしたら、下手すると永久追放でしょう）。
　それなのに、英語の仕組みについての知識を多くの生徒は学びたがりません。なぜなんでしょうね？　知っているつもりでいたいから？　どこでも習わないから？　でも、**サッカーのルールしか知らず、更にはサッカーのトレーニングしかせずに、いきなりラグビーの試合に放り出されたら、まあ確実に大怪我をする**でしょう。それと同じことが英語の勉強には起きているような気がしてなりません。
　たしかにラグビーのルールは難しい。私もラグビーを見ること自体は大好きなのですが、「ラグビーのオフサイドとサッカーのオフサイドはどう違うの？」という問いにはうまく答えられそうにない…。

　しかし！　たとえばラグビーの試合を楽しむには次の2つのことだけわかっていれば大丈夫と言っていた解説者がいました。

① ボールを（手を使って）前に投げてはいけない（蹴る分には OK）。投げるときは自分より後ろに向かってだけ。
② とにかく陣地を前に進める。最終的にはエンドラインまで運んで地面にボールをタッチすればよい。

この 2 つさえわかれば、「スクラムとモールの違いがわからないよ」と思っていても、なんとなく楽しく観戦することができる、と。

英語も同じで、細かいルールや覚えなくてはいけない戦術はたくさんあります。しかし、大雑把な 2 つの仕組みを理解しておけば、迷うことはなくなるはずです。

Point2 英語の仕組みの基本

❶ 文型
❷ カタマリを見つけて、役割を定める

いきなり 2 つを一気に説明すると、前置きが長くなりすぎてしまいます。ですので、この**第 0 回**その 1 では「文型」を、そしてその 2 では「カタマリ」の説明をすることにします。

ということで、文型です。

これは英語で書かれた文（大文字からピリオドまで）**のすべてを 5 つの型にはめてしまおうという試み**です。たった 5 個のパターンしかないと言われると、簡単な気がしてきませんか？　それと同時に、「すべての文をたった 5 パターンに分類っていうのはさすがに乱暴すぎないか？」とも思われるのではないでしょうか。

そう。この 5 パターンに分けるという試みは、**英語が苦手な人間が、英文をわかりやすくするための、かなり大雑把な方法**なのです。で、今の段階では、その大雑把な方法に頼って全く問題ありません。徐々にその方法の限界に気がついてきたら、あなたは既に大学生になれています。合格おめでとう！

つまり、大学受験においては、この方法は絶大な効果があるということですね。

というわけで、英文には以下の 5 つの「型」があります。

Point3 5文型

第1文型	**SV**	「SがVする、Sが存在する」
第2文型	**SVC**	「S＝Cである／になる／と感じる」
第3文型	**SVO**	「SがOをVする」
第4文型	**SVOO**	「SがOにOを与える」
第5文型	**SVOC**	「Sが『OがCする／である』状態にする」

では、次の文を見てみましょう。

例題　次の英文の文型を決めなさい。

(1) He came here yesterday.

(2) The books were on the desk.

(3) There are six boys in this room.

正解　(1) から (3) まですべて第1文型（SV）。

---

(1) を日本語で考えてみましょう。

「昨日彼はここへ来た」。この文の主語 (S) は？　「彼」ですね。主語は行動主です。今回動詞 (V) は「来た」。誰が来たのか？　「彼」です。

では目的語は？　目的語は原則として日本語で言う「～を」の部分。今回の日本語の文には「～を」に当たる言葉がありません。つまりこの文には目的語が存在しないとなるわけです。

それでは、残ってしまった「昨日」や「ここへ」は何に当たるのでしょうか。実はこれらは副詞と呼ばれる品詞で、**S, V, O, C のいずれにもなりません**。英語も同じ。副詞は名前からして「副」属的なものなので、大切な S, V, O, C のいずれにもなれないのです。

Point4 S, V, O, C のいずれにもなれないもの

❶ **副詞**（時、場所、頻度などを表すものに多い）

❷ **前置詞**＋名詞

前置詞というのは、in や with や for や at や on や during や by などの語。多く見積もっても20個ちょっとしか存在をしません。見た目でじゅうぶん区別はつくと思います。

Point4 を頭に置きながら、例題 の (1) と (2) を分析してみましょう。

---

(1) He came <here> <yesterday>.
　　S　V　　副　　　　副

(2) The books were <on the desk>.
　　　S　　　V　　　前 ＋ 名

---

(1) においては here と yesterday が副詞で、これは日本語の文と同じです。(2) では、on the desk が前置詞＋名詞なので、ここが S, V, O, C のいずれにもなれません。(1) も (2) も SV しかない文なのですね。

では、(3) はどうでしょうか？

---

(3) <There> are six boys <in this room>.
　　　副　　V　　　　　前 ＋ 名

---

there は副詞、in this room は前置詞＋名詞なので、これらは S, V, O, C いずれにもなれません。残ったものは are と six boys のみです。

are と six boys…。

ならば、VC ? VO ?

いえいえ、Point3 で挙げた 5 文型のどれかに、英語の文章は入るのです。Point3 のなかには S がない文は存在しません。

たしかに、日本語では S が存在しない文は普通にあります。

「おととい、新潟駅前のバスロータリーでユウキのお母さんを見たよ」

この文のなかには、「誰が」見たのかが書かれていません。書かれていなくても、主語は「話者」であることが、日本語を使う人間にはわかるからです。

ちなみに、意外かもしれませんが、スペイン語なども主語は省略をできます。同じラテン系の言葉でも、フランス語で主語の省略はありません。面白いですね（と思うのは外国語マニアだけですね）。

しかし、**英語の文では**（命令文以外では）**絶対に S が存在します。**ということは、今回の文にも S はあるはず。

それはなにか？　そう。six boys です。

ＶＳの順番になっちゃうじゃん！とツッコまれたらそのとおり。これは倒置の

文なのです。ちょっと難しかったですね。

　ただ、改めて (3) の文を考えてみてください。日本語に直すと、「この部屋には 6 人の少年がいる」ですよね。この文の S は「6 人の少年が」です。つまり、**日本語でも英語でも主語は「6 人の少年」**です。

　ところで、ここでひとつ疑問です。おそらく皆さんは、(1) 〜 (3) の文のなかで、意味がわからなかった文はないと思います。では、**なぜこれらの文の文型を考えてもらったのでしょうか?**

　答えは次の 2 つです。

Point5 文型を考えると起こる「良いこと」
❶ **動詞の意味**が決まる
❷ 複雑な英文でも、**シンプルに見ることができる**

　動詞の意味が決まる……。どういうことかと言うと、 例題 の (2) と (3) を見てほしいと思います。

> (2) The books were on the desk.
> 　　　 S 　　　　 V
> (3) There are six boys in this room.
> 　　　　　 V 　　 S

　(2) も (3) も、be 動詞が <**SV**> の文型を取っています。

　be 動詞の多くは「イコール」の意味。He is a college student. と言えば、「彼＝大学生である」ということです。

　ところが、この意味になるのは **SVC** の文型のときだけなのですね。他に be 動詞が取ることのできる文型に **SV** があるのですが、この場合は **「S が存在する」という意味になります。**

　何が言いたいか?

　そう。皆さんが覚えている **there is 〜の文**は **「〜がいる・ある」**という意味です。でも、なぜそのような意味になるのかと言えば、there is 構文の場合、絶対に there is S という形にしかならず、**SV の文型を取るから**なのですね。

　伝わりましたでしょうか?

there is だから「～がいる」というわけではなく、**be 動詞が SV の形を取っ
ている**から「S がいる」…。

　誰でも知っている there is 構文も、よく考えると、be 動詞が SV の文型を取っ
ている。つまり、**文型によって支配されている**のです。

Point6 be 動詞の意味

<SV>	「S が存在する」
<SVC>	「S = C である」

　さらに、**Point5** の ❷「**複雑な英文でも、シンプルに見ることができる**」こと
について説明するために、次の英文を読んでみてください。

例題　和訳しなさい。

We recognize in crying a surplus of feeling over thinking.

注：surplus「余剰、超越」

訳　我々は泣いているときに感情が思考を超えることを認識する。

---

　recognize「認識する」という言葉を聞くと、「**え、何を認識するの？**」と気
になるのではないでしょうか。つまり、**recognize という語の目的語が気にな
る**のではないですか？（もしかすると、それ以前に、recognize in という表現が
あると思って辞書を引きますか？　残念、そんな熟語は存在しません）

　ではどう考えるか。皆さんは既に**Point4** で、「**前置詞＋名詞」は S, V, O, C
のいずれにもなれない**というルールを学んでいます。ということは、**in crying
という部分は O になれない**のですね。

　さらに、of feeling も over thinking も O にはなれません。前置詞＋名詞です
から。

　ということで、その後ろの **a surplus という表現を O にしてしまいましょう**。

We recognize <in crying> a surplus of feeling over thinking.
　S　　V　　　　　　　　　　　　　　　O

ポイント：「我々は超越を認識する」という骨格

　このように、**常に S や V や O や C などを探しながら読み**、それらを決めるこ

とができると、**多少こんがらがった文でもシンプルに読み進めることが可能で**す。このような作業をするためにも、文型という考え方は必須なのです。

　この説明では、第2文型以降、ほとんど触れられていません。それらは実際に文章を読みながら学んでいくこととしましょう。

［第0回 その2　英文における「カタマリ」］

▶「カタマリ」＝節・句

例題　次の英文は SV・SVC・SVO のどれにあたりますか。

(1) I can't find my luggage.

(2) I found that my older brother had wrote the letter last night.

いきなりですが、上記の例題を考えてみてください。

正解　(1) も (2) も **SVO**

　第0回その1で、文型について学びましたが、実を言うと、文型の決め方については何も伝えていません（唯一、S, V, O, C に入らないものをお伝えしたのみです）。

　では、今回はどう考えてほしいのか。確認しましょう。

　まず、どちらの文にもある **find は O（目的語）が絶対に必要な動詞**です。find が V として働いているのに O がない文というものはありません。この時点で、例題の (1) と (2)、どちらの文も **SV** と **SVC** という解答はなくなります。よって解答は消去法で **SVO**。ラクですね。

　（このような動詞の性質は、**ある程度覚えてしまわないといけません**。一般的な英文法・語法の問題集では、「動詞の語法」という項目で学べます。この問題集のなかでも、重要動詞が出てくる度に「覚えておくべき動詞の語法」という形で触れはしていますが、断片的ではなく、一気にまとめて包括的に学びたい人は、学校等で使う「英文法・語法の問題集」の「動詞の語法」という項目を見ておいてください。ほら、あの「prevent と言えば……名詞 from Ving が後ろに置かれる！」のような、動詞の決まり事です）

　……ということで、**find には O（目的語）が必要**です。

　(1) と (2) の文の場合、いずれも find の後ろにあるものが O になっています。

（1）は my luggage、（2）は **that** 節全部ですね。

では、またひとつ別の疑問を。

ズバリ、**O になることのできる品詞**は何だったでしょうか？

そう、名詞のみでした。

これは**第0回**その1で触れたことに関連しています。O とは目的語、すなわち**日本語で言う「〜を」の部分**です。日本語で考えても、「〜を」の位置に置けるのは名詞だけですものね。

ということで、my luggage も that 節もどちらも名詞の働きをしています。

一旦、整理をしましょう。

Point7 目的語になれる品詞
名詞のみ（日本語でも英語でも）

例題 の 訳 （1）私は**自分の荷物を**見つけられない。

（2）私は**兄が昨晩その手紙を書いたことに**気づいた。

（1）では**「自分の荷物」**を見つけられなかった。

（2）では**「兄が昨晩その手紙を書いたこと」**を見つけた→意訳すると、「〜書いたこと」に気づいた。

ということで、日本語で考えてみても、O は自分の荷物 = my luggage、兄が〜こと = that 節です。

ところで、（1）において目的語として働いている my luggage は普通の名詞ですが、（2）の目的語の that から先の単語そのものが名詞というわけではありません（**that** 節と呼んだ部分です）。

1 単語ずつ見てみると、that は接続詞、my は人称代名詞、older は形容詞…などのように、そこには純粋に「名詞」と呼べるものは brother と letter くらいしかないのです。

しかし、1 つのカタマリで考えてみると、**found に対する目的語は that から先の部分としか言いようがない**のです。つまり、that から先が一つの大きな名詞のカタマリになっているということですね。

このように、１単語単位では名詞以外も含む様々な品詞なのに、**「カタマリ」になると名詞の働きをするもの**を名詞節、もしくは名詞句と呼びます。

おっと、いきなり面倒な文法用語を使ってしまいました。

名詞節？　名詞句？　節、句、**違いは何？**　どこかで聞いたことはあるんだけれど、説明しろと言われてもよくわからん…。

…という人向けに、ここで用語をまとめておきましょう。

Point8 節と句

節：SV を含むカタマリのこと（ときどき S はない場合もある）

句：SV を含まないカタマリのこと

→これらが場合に応じて、**名詞・形容詞・副詞の働きをする**

実際の例を挙げておきましょう。

例　名詞節と名詞句

(1) I don't know [what you want to do].
　　 S　　 V　　　　　　 O

「私は**君が何をしたいのか**（を）知らない」

(2) He enjoyed [swimming in the pool].
　　 S　　 V　　　　　　 O

「彼は**プールで泳ぐこと**を楽しんだ」

ここでは (1) の what you want to do が know の O になっているので名詞節、(2) は swimming in the pool の部分が enjoyed の O になっているので名詞句となります。

「え？　swimming も V なんだから、SV を含む『節』じゃないの？」と思った人、手を挙げなさい！　実は結構鋭い…。たしかに、swim は「泳ぐ」という動詞ですからね。

実を言うと、この Ving という形は準動詞と呼ばれるものです。

たしかに enjoy 自体は動詞で、「楽しむ」という意味も動詞みたいだけれど、名前は『準』動詞…。

夏の全国高校野球選手権大会の地方予選でも、『準』優勝だと甲子園には行け

ません。同じように、この準動詞と呼ばれるものも、たしかに動詞的な役割をしつつも、**英文中で（単独で）Ｖとして働くものはありません。**

今回も「楽しむ」は「楽しむ」でも、「楽しむ**こと**」という名詞の意味で働いているわけです。

Point9 準動詞

・**見た目**　to Ｖ原形、Ving、Vp.p.（過去分詞形）
・**注意点**　文中で（それ単独で）S, V, O, C の **Ｖとして働くことはない**
　　　　　　代わりに、名詞的な役割（名詞句）
　　　　　　　　　　　形容詞的な役割（形容詞句）
　　　　　　　　　　　副詞的な役割（副詞句）のどれかを担う

なんだか、こんがらがってきましたね。

ただ、大事なことは１つのみ。**準動詞は動詞ではない！** ということです。

ですので、準動詞は「節」（SV を含むもの）ではなく、「句」（SV を含まないもの）として分類されるのですね。

例　　形容詞節と形容詞句

(3) Have you ever read a book (which Hemingway wrote)?
　　　V　　S　　　　　　O

(4) Have you ever read a book (written by Hemingway)?
　　　V　　S　　　　　　O

---

(3)、(4) どちらも、（　　　　　）の部分が形容詞的な役割をしています。

（　　　　　）より前の部分、Have you ever read a book? 「あなたはこれまである本を読んだことがありますか」では意味を成しませんから（だって、誰でも本くらい読んだことはあるでしょうから）、a book というのがどのような本なのか説明がほしいのです。

これを解決するために、(3) も (4) も（　　　　　）の部分が前の a book という名詞を修飾しているのですね。

(5) We had been playing tennis for half an hour <when it began to rain>.
　　　S　　　V　　　　　　　O

(6) <Written in plain English>, the book is easy for me to read.
　　　　　　　　　　　　　　　　S　　　V　C

　この副詞関連が**いちばんわかりづらく**、正直**第0回**の段階で、私はまだ説明をしたくない…。なにせ長文自体を何も読んでいませんから、副詞関連の説明は文章中で出てきたときに説明を……ということで、後回しにしましょう。

　ここまでは名詞関連の (1) と (2)、そして形容詞関連の (3) と (4) がわかればOK です。
　念のため、整理しておきます。

Point10 名詞節
　SV を含むカタマリが名詞の働きをするもの
　（名詞の働きとは、①S になる②O になる③C になる④前置詞の O になる、という4 つの用法のどれか）

Point11 名詞句
　SV を含まないカタマリが名詞の働きをするもの

Point12 形容詞節
　SV を含むカタマリが形容詞の働きをするもの。前にある名詞（9割くらいは直前の名詞）にかかる

Point13 形容詞句
　SV を含まないカタマリが形容詞の働きをするもの。前にある名詞（9割くらいは直前の名詞）にかかる

▶名詞節・名詞句
　さらに詳しく「名詞関連」と「形容詞関連」について学んでいきましょう。

> | 例題 | 次の英文は SV・SVC・SVO のどれにあたりますか。
>
> (1) That my older brother had wrote the letter last night is evident.
>
> 注：evident「明らかである」
>
> (2) It is possible that he came here last night.
>
> | 正解 | （1）も（2）も SVC

　受験生の皆さんに接しているとよく聞くのが、（1）の文がよくわからないという意見です。「その私の兄、はその手紙を昨晩書いた……は明らかだ」？？？

　実は文頭の that は「名詞のカタマリ＝名詞節」が始まるというサインなのです。

　日本語では、ある部分を名詞に変えたい時、最後に「○○のこと」や「○○のもの」をつけますが、英語の場合、始めにその印をつけるわけです。

　名詞節が始まるサインは2種類。意外と数が多いので、しっかりまとめておきましょう。

Point14 名詞節が始まるサイン

接続詞：**that** 意味は「**〜こと**」

❶ 意見・認識

❷ 事実・可能性

❸ 情報・伝達

whether 意味は「**〜かどうか**」という疑問の意味

（同じ意味になるものに if があるが、これは出てくる頻度が少ないので後回し）

疑問詞・関係詞：**what** 意味は❶「**何〜か**」（疑問）

❷「**〜するもの**」

：その他、**which, who, whom, when, where, why, how** など

意味はすべて「疑問」

Point14 を頭に入れて、英文を読んでみましょう。

(1) That my older brother had wrote the letter last night is evident.

　　↳ ここから名詞のカタマリ始まり　　　　　　　↳ 次の V
　　『私の兄が昨晩その手紙を書いたこと』　　　　　　　（別の節）

　→ [That 〜] is evident.
　　　S　　　　 V　　 C

　訳 『私の兄が昨晩その手紙を書いたこと』は明らかだ。

なぜか、

I thought that my older brother had wrote the letter.

という文が読めない人はいないのですよね。

　でも、冷静に考えると、that my older brother had wrote the letter が名詞の働きをしていること自体は何も変わらないのです。

　やはり、上記の I think that SV のように、V の O（think の目的語）として働く名詞節には**皆さんたっぷり慣れている**んです。文章中にたくさん出てきますから。

　ところが、(1) のように文頭に名詞節があり、それが文全体の S になっているような文になると途端に読めなくなります。

　でも、今回せっかく触れたのですから、次に似たような文を見たときには対応できるようにしておきましょう！

　で、いきなり話をひっくり返すようで申し訳ないのですが、実を言うと今回の (1) のような that 節が文頭にある文は、ネイティヴスピーカーにとっても読みづらいです。

　で、彼らは何をするか。それを解消するために、とりあえず S に it を置いておき、後からその it が指す that 節を書く形が多いです。それが (2) の文。

(2) It is possible [that he came here last night].
　　S　V 　 C

　では、ここからは上級者向けの話を少し。この英文の訳はどうなるでしょうか。

　possible の意味は「可能である、〜できる」が有名です。しかし、「彼がここに来ることができた」という意味ならば、is と came という動詞の時制のズレが

気になります。it was possible ならばなんとなくわかるんですけれどね。

そこで、Point14 の接続詞 that の意味に注目しましょう。

> 接続詞：that　意味は「〜こと」
> ❶ 意見・認識
> ❷ 事実・可能性
> ❸ 情報・伝達

that 節の内容は、何でもよいわけではありません。次の文を読んでみてください。

> 例　I heard that she was crying.

この文で、S である「私」は、彼女の泣き声そのもの（つまりその『音』）を耳にしているでしょうか？

……していないですよね。

that の内容は上記の３つですから、「彼女が泣いているのが耳に入った」のであれば、それはフィジカルなものです。そのような内容は that 節で表すことはできません。

では何を耳にしたのかと言うと、この文の場合は「彼女が（その瞬間）泣いている」という情報です。

自分のスマホに誰かから LINE が入って、「おい、彼女泣いてるぞ」という情報を得たり、家で寝ていたら突然部屋に父親が入ってきて、「なあ、彼女泣いてるぞ」と伝えたりした。そんなことを聞いたことになるのです。

では、it is possible that SV の場合、どのような意味になるのか。

that 節のなかの意味の、❷事実・可能性の意味となり、「that SV がありうる、可能性がある」という訳になります。

> 訳　(2) 昨晩、彼がここに来た可能性がある。

ちなみに、it is impossible that SV ですと逆に「SV はあり得ない」という意味となります。そのまま記憶してもらえるとよいと思います。

▶ 形容詞節・形容詞句

名詞節に比べると、形容詞節・形容詞句の場合はシンプルです。

先ほどお伝えした通り、「前の名詞を修飾するカタマリ」のことを形容詞節・形容詞句と呼びます。

> ## Point15 形容詞節が始まるサイン
>
> 関係代名詞の which, whose, who, whom, that
> 関係副詞の where, when。数は多くないが、why と that もある
> （関係代名詞 what と関係副詞 how は名詞節が始まるサイン）

既出の 例 (3) の文（p.053）（ずいぶん前の説明ですみません）は、たしかに which で始まっています。

その他、関係代名詞も関係副詞も省略をされて、突然形容詞節が始まることがあったり、接続詞の that、関係代名詞の that、関係副詞の that の区別などなど面倒なこともたくさんあるのですが、それらは文章を読みながら学んでいきましょう。

また、「形容詞句」（SV を含まない形容詞のカタマリ）も、同じように学びましょう。

今ここでは、後ろから名詞を修飾する SV を形容詞節、SV を含まないものを形容詞句と呼ぶということがわかっていれば充分です。

❗重要語句

パラグラフ1

・**descendant**「子孫」

・**send ～ back in time**「時間をさかのぼって～を送る」

・**four-dimensional**「四次元の」

・**futuristic**「未来の」

・**gadget**「道具」

・**device**「装置」

・**help ＋名詞＋ V 原形**「(名詞) が V するのに役立つ」

・**adulthood**「大人であること」

パラグラフ2

・**typical**「典型的な」

　→ type の形容詞形

・**hardworking**「勤勉な」

・**housewife**「専業主婦」

・**caring**「思いやりのある」

　→ care の派生語。-ing をつけると、-e が取れてしまうので注意

・**smart**「頭がよい」

　→日本語の「スマート」のように「体が細い」という意味はない

・**grow up**「成長する」

・**gentle**「優しい」

・**occasionally**「ときどき」

・**appear**「姿を見せる」

・**super-brilliant**「ものすごく優秀な」

　→ brilliant「輝く／優秀な」を覚えること！

・**hallway**「廊下」

・**justice**「正義」

　→今回は a sense of justice で「正義感」

・**produce**「～を出す」

・solution「解決策」

パラグラフ3
・abuse「いじめ／誤用」
・comfort「～を慰める」
・patiently「忍耐強く」
　　→ patient「忍耐強い」という形容詞も覚えること！　ちなみに patient が名詞のときには「患者」の意味

英文解説

パラグラフ1

> 3文め
> (a)He is so unlucky, weak and lazy that his descendants had to send the family robot back in time to help him out.
> 「彼は、子孫が彼を助けるために家庭用ロボットを過去に送らなくてはいけなかったくらいに、不幸で、弱くて、怠け者なのだ」

▶ so ～ that 構文

　よく見かける形なので、「それは知ってるぜ！」という人も多いでしょう。けれど、油断は禁物。原理からくわしく知っておかないと、あとあと学ぶ難しい文のなかではうまく読めなくなってしまいがちです。

Point16　so ～ that 構文

so は指示語で「そのくらい」という意味。「そのくらい」とは「**that 以下くらい**」と考えるとわかりやすい

例　The question was **so** difficult that I couldn't answer.
　　「その質問はそのくらい難しかった」
　　　　　　（＝私が答えられないくらいに）
　　＝「その質問は私が答えられないくらいに難しかった」
　　→ 意訳 して、「その質問は難しかったので、私は答えられなかった」
　　　としても OK

「そのくらい難しい」という「**程度**」を表す部分を、 意訳 では「（難しかった

ので）答えられなかった」という「**結果**」のように訳しました。ニュアンスはやや異なりますが、どちらの日本語で考えても大丈夫です。ただし、次のように否定語がついているときには気をつけなくてはいけません。

例　He was **not so** busy that he couldn't have lunch.

誤答　「彼はとても忙しくなかったので、ランチを食べられなかった」

正解　「彼はそれほど忙しくはなかった」
　　　　（＝ランチを食べられないほど）
　　＝「彼は、ランチを食べられないほど忙しくはなかった」
　　→つまりこの文を 意訳 して「彼はとても忙しくはなかったので、ランチを食べられなかった」とすると意味不明

今回の英文は次のような 訳 になります。

訳　「彼はそのくらい不幸で、弱くて、怠け者なのだ」
　　　　（＝子孫が彼を助けるために家庭用ロボットを過去に送らなくてはいけなかったくらいに）

意訳 1　「彼は、子孫が彼を助けるために家庭用ロボットを過去に送らなくてはいけなかったくらいに、不幸で、弱くて、怠け者なのだ」

意訳 2　「彼はとても不幸で、弱くて、怠け者なので、子孫が彼を助けるために家庭用ロボットを過去に送らなくてはいけなかった」

では、ここで**第0回**の中で学んだ内容の確認を1つ。

今回の that 節は名詞節・形容詞節・副詞節のうちのどれにあたるでしょうか？

「S, O, C, 前置詞の O のいずれかの働き」をしているものが名詞節でした。今回の that 以下はどれにもあたりません。**よって名詞節ではない**。

さらに、「前の名詞を修飾する働き」をしているものが形容詞節でした。今回は that より手前に名詞が he しかありません。**よって形容詞節でもありません**。

ということで、今回は消去法で副詞節が正解となります。

そもそも、so ～の so そのものが副詞で、その **so の内容を that 以下が指している**のですから、**副詞節になるのは当たり前と言えば当たり前**ですね。

ただ、念のためまとめておきましょう。

Point17 that 節が副詞節として働くパターン

❶ so 〜 that SV や such 〜 that SV

❷ SVC の C が感情の形容詞のとき、直後に that SV を置いて、理由を説明する

例　I was angry that she didn't listen to my opinion.

「私が怒っていたのは彼女が意見を聞いてくれなかったからだ」

---

4 文め

　That robot is Doraemon, and his four-dimensional pocket produces any number of futuristic gadgets and devices meant to help Nobita become something other than a complete failure in adulthood.

「そのロボットがドラえもんで、彼の四次元ポケットからは、のび太が大人になって完全な落後者以外の何者かになるのに役立つことが意図された、未来の道具や装置をいくらでも取り出せる」

▶ 前の名詞にかかる過去分詞（meant to help 〜）

meant から先の部分が読みづらいかもしれません。確認をするために、以下の 2 つの文を読んでみましょう。

例題　和訳しなさい。

(1) The book was written by my father.

(2) The book written by my father is hard to obtain in Japan.

訳　(1) その本は父によって書かれた。

　　(2) 父によって書かれた本は、日本では手に入れるのが難しい。

　英語が苦手な生徒の多くが、was written（be + Vp.p. ＝過去分詞形）と written（単独の Vp.p.）の区別がついていません。「え、どちらも『書かれる』っていう受身の意味じゃないの？？」というように。

　たしかに意味は「受動・受身」、でも**文法的には全く違うもの**です。

　そこで、**第0回**の説明で使った「文型」で確かめてみましょう。

> (1) The book was written <by my father>.
>   S   V   前 + 名

　be動詞と過去分詞形（たとえば、take-took-taken の taken、write-wrote-written の written）がセットになると、**V として働きます**。よって、この文はSV 第1文型となります。

　それに対し、(2) の場合は以下のようになります。

> (2) The book (written by my father) is hard to obtain.
>   S   形容詞句   V   C

　単独の過去分詞の多くは、直前の名詞にかかるのですね。言い換えると、written by my father は形容詞のカタマリ、文型には直接関係はなく、the book が S、is が V、hard が C となります。

　まずは、次の Point を覚えてしまってください。

Point18 名詞＋単独の過去分詞を見たら……
たいていの場合、**その名詞にかかる形容詞句**を作る

　直前に名詞があるのがポイント。名詞 + Vp.p. の多くは Vp.p. 以下が前の名詞にかかる。

　もちろん例外もたくさんあるルールです。例外も文章中に出てきたタイミングで見ていきましょう。

> ～ any number of futuristic gadgets and devices
>   └(meant to help Nobita become ～)
> （のび太が～になるのに役立てるよう意図された）道具や装置

　今回の英文は、上記のような形になっています。

1 文め

We see Nobita's parents as very typical for Japan of the 1970s, with the father a stocky and mellow salaryman, and the mother a hardworking housewife whose job it is to make sure Nobita studies hard and does his chores.

「私たちは、のび太の両親が、1970年代の日本のまさに典型的な親であると考える。つまり、父親はずんぐりした温厚なサラリーマンで、母親はのび太が一生懸命勉強したり雑事をしたりするのを確かめることが仕事の、働き者の主婦であるということだ」

▶ see A as B

これを単独で覚えるだけではもったいない！

以下の形で整理をしておきましょう。

Point19 V A as B

すべて、「A = B と考える／言う」という意味を持つ

- regard A as B
- see A as B
- look on A as B
- think of A as B
- consider A as B
- refer to A as B　　など
  → 「as」は「＝」の意味であることを覚えること！

「as」を見たら、まずは「＝」記号を思い浮かべるクセをつけてください。

この先、様々な as が出てきますが、まずは「＝」が基本です！

▶ **付帯状況の with（with the father 〜）**

with の後ろに**分詞構文**をつけるパターンです。

……とは言っても、「**分詞構文**」の説明をしてないので、意味がわかりませんね。

ここでは、「❶ the father と a stocky and mellow salaryman のあいだ、❷ the mother と a hardworking housewife のあいだに **being が省略されている**」とい

うことだけにとどめておきます（**Point48**（p.113）でやります）。

訳 は、「父親はずんぐりした温厚なサラリーマンで、母親は働き者の主婦である」。

▶ whose job it is 〜

whose job からラストの chores まで、直前の housewife にかかります。

言葉を変えて、**第0回**その2で使った説明をすると、whose は関係代名詞、whose 以下は関係代名詞節となり、前の housewife にかかる形容詞節を作っています。

…大丈夫でしょうか？

関係代名詞（who / whom / whose / which / that）のなかでも whose はとりわけ難しい…。上記の付帯状況の with 同様、**第1回**で皆さんを混乱させたくないので、また別の単元で出てきたときに説明をします。

ここでは、whose から先が housewife にかかるということだけ理解してもらえれば充分です。

2文め

Although ferocious when angry, she is also caring and smart; (b)<u>at heart</u> <u>she just wants her son to grow up to become a decent, hardworking adult</u> <u>with a bright future.</u>

「怒ったときには恐ろしいけれど、彼女はまた面倒見がよく聡明（そうめい）だ。そして、心のなかでは、単に自分の息子が成長して、まともで、勤勉で、明るい未来のある大人になってほしいだけなのである」

下線部(b)を含んだ文です。特にその部分（at heart から先）には気をつけて読解しましょう。

▶ 副詞節内の〈S ＋ be〉の省略（Although ferocious 〜）

主節の S V である she is が省略されています。本当の形は、Although she is ferocious「彼女は恐ろしいけれど」。

▶ S V O C（she just wants her son to 〜）

やはり、下線部の at heart から先が難しいです。今回は、S V O C（**第5文型**）

と呼ばれる形になっているからです。

　学校で、ＳＶＯＣというと「Ｏ＝Ｃ」とだけ習っていませんか？　間違っては
いないのですが、次のように覚えておくときれいに整理されるので便利です。

🐾Point20　ＳＶＯＣとは

・Ｏ と Ｃ →「**主語と述語**」の関係（「Ｏ が Ｃ である／Ｃ する」）がある

・Ｖ と Ｃ → Ｃ に置ける形は **Ｖ によって**初めから決まっている

　　例　　She told me to study.
　　　　　　S　 O　　C
　　　　「彼女は私に勉強するように言った」

　　→次の関係に気をつけると有効

　　　Ｏ と Ｃ の関係→「私が勉強する」という関係が成り立っている！

　　　Ｖ と Ｃ の関係→ tell は常に Ｃ の位置に to Ｖ を置く！

　ＶとＣの関係は暗記してしまうしかありませんが、ＯとＣの関係を見つける
ことはさほど大変ではないはず。

　今回の英文（she just wants her son to grow up）では、「彼女の息子が成長す
る」という**主語と述語の関係が成り立っている**ので、**訳**は「彼女は単に息子が
成長してほしいのだ」となります。くれぐれも to から先を her son にかけて「成
長した息子がほしい」（誘拐？）とはしないように！

　第11回の**Point69**で詳しく説明します。今回は grow up to become ... で「成
長して…になる」と考えてもらえれば充分です。

---

4 文め

　There's also their schoolteacher, a stern man who has no compunction
against sending Nobita off to stand in the hallway for being late.

「また、彼らの先生もいて、彼はのび太を遅刻を理由に廊下に立たせるこ
とにためらいがない厳格な人間だ」

▶名詞が２つ並んでいる部分を見つけたとき

　この文のなかには There's also their school teacher, a stern man ... という部
分があります。There's ＝ There is ですから、その後ろの **Ｓ の部分には単数形の
名詞**が置かれるはずです（複数形ならば There are になるはずです）。

　ところが、この文では their schoolteacher と a stern man という複数の名詞

があるように見えるのです。困りましたね。

そこで、次のように考えましょう。

Point21 名詞，名詞と並んでいる場合

名詞１，名詞２〜と続いている場合は、原則として次の３種類のどれか

❶ **並列**（後ろに and や or があり、３つ以上の並列になっていることが多い）

❷ 名詞１がわかりづらいので、名詞２で**言い換え**をしている

❸ 名詞２〜の部分が**副詞的な挿入句**になっている

例

❶ There are pigs, chickens, and cows on the farm.

（pigs と chickens のあいだの「,」が and の代わりの役割をし、並列を作っている）

❷ Patrick Gray, the owner of the farm, began growing rice in his back garden.

（Patrick Gray と the owner のあいだの「,」は、言い換えを表している）

❸ To grow plants, he said, was very different from keeping livestock.

（plants と he のあいだの「,」は he said という挿入部分と切り離すために使っている）

この３つを**即座に識別するのは非常に難しい**です。特に、❶と❷は、今回の例文のように最後に and がついていればよいのですが、and 自体を省略してしまう筆者もいるのです。そうなると、あとは**ある程度「意味」を考えざるを得ません**。そこで、次のようにまとめておきます。

Point22 名詞１，名詞２〜の①、②の用法の識別

名詞１と名詞２のあいだに→「＝」関係がなければ❶、あれば❷

今回の英文では、**their schoolteacher（彼らの先生）＝ a stern man（厳格な人間）という＝（イコール）関係が成り立ちます**ので、❷の用法と考えましょう。

たしかに、ドラえもんのマンガでもアニメでも見たことのある人間であれば、「のび太の先生」がどんな人なのか知っているはずですが、この英文はドラえも

ん自体を知らない人に向けて書かれているので（そうでなければ、これほどまで
の基本情報を言うはずはないですもんね）、「先生」というだけではどんな人間か
わからないのですね。

パラグラフ3

1文め

(c)A typical DORAEMON story starts with Nobita suffering from the
abuses of Gian and Suneo, or doing badly in school, coming home crying,
and being comforted by Doraemon.

▶意味上のSがついている動名詞

例題　続きを英訳しなさい。

(1) 私は医者であることを誇りにしている。

　　I'm proud of _____ .

(2) 私は妻が医者であることを誇りにしている。

　　I'm proud of _____ .

解答を書く前に、**of の後に何が置かれるか**を考えましょう。

of の品詞は？　そう、前置詞ですね。ということは、of の直後には名詞が置
かれるはずです。

では (1) の正解はどうなるでしょうか？　a doctor?

I'm proud of a doctor.

この文は、英語としては正しいです。しかし、設問の日本語とは意味がまるで
違う！

これでは**「ある医者（一人）を誇りにしている」という意味にしかならない**の
です。まず間違いなく、「Who is he (she)?」と聞き返されることでしょう。

では、「**（自分が）医者であること**」を表すにはどうすればよいか？　ポイント
は「である」ですね。「私は医者である」を英訳してみましょう。

> 「私は医者である」
> I am a doctor.

これをヒントに（1）の of の後を考えましょう。

例えば、I am a doctor. をそのまま of の後ろに置けるでしょうか？

> * I'm proud of I am a doctor.

これは非文（文法的に誤った文）です。of の後には名詞しか置けませんから、いきなり SV（節）を置くわけにはいきません。

では、次の形ならばどうでしょうか？

> * I'm proud of that I am a doctor.

of の後に名詞節を作る that を置く。しかも、「私が医者であること」というのは「事実」を表しているので、**第0回その2**、なかでも **Point14** で学んだことが活かせています。素晴らしい…のですが、**実はこれも不正解**となります。

何故なのでしょうか？　次のルールがあるからです。

Point23 接続詞 that の作る名詞節・副詞節のルール

　文全体で S, O, C としては働けるが、**前置詞の目的語にはなれない**

　（例外：**in that** SV「SV という点で」

　　　　　except that SV「SV を除いて」の2つだけ可能）

そう。通常、**前置詞＋ that 節という形はない**のです。言い換えると、of that SV という形は存在しません。詰みです。困りましたね。

ではどうするか。

that を別の接続詞・関係詞に変えるか？　いや、単なる「事実」を表せるのは that だけなので不可能です。

そこで、**第0回その2**で学んだ「節」と「句」を思い出しましょう。

> **例** 名詞節と名詞句
>
> (1) I don't know [what you want to do].
>   S   V   O
>
> 「私は**君が何をしたいのか**（を）知らない」
>
> (2) He enjoyed [swimming in the pool].
>   S   V   O
>
> 「彼は**プールで泳ぐこと**を楽しんだ」

　これは第0回その2（p.052）で載せた例をそのまま再掲したものです。(2)を御覧ください。enjoyed の O として Ving を使っています。名詞句になっているわけですね。

　Ving の名詞句の名前を動名詞と言います。聞いたことはあることでしょう。

> (1) 私は<u>医者であること</u>を誇りにしている。
>
> 　　I'm proud of ＿＿＿＿＿＿＿＿＿＿＿.

> 「私は<u>医者である</u>」
>
> I <u>am a doctor</u>.

「医者であること」を動名詞で表すには、**am a doctor の部分を Ving にすればOK**。Ving は V 原形＋ing ですから、この場合は being となります。

　よって、問題 (1) の正解は次の形です。

> (1) 正解 　I'm proud of being a doctor.

　受験生の多くは、この "being" がうまく浮かばないようです。けれど、「be が SVC の文型を取ったときの意味は『〜である』」なのですから、「**であること**」＝ being という公式に文句はないでしょう。慣れてください。

　次に (2) を見てみます。

　今度は「妻が」医者であるという記述があります。**(1) の解答のどこかに my wife という語を入れなくてはいけません**ね。

　これはルールにして覚えておきましょう。

Point24 動名詞の「意味上の主語」

普通の名詞／代名詞の**目的格 or 所有格 + Ving** の形で表す

たとえば、「彼が医者であること」を誇りに思うのは、

I'm proud of him / his being a doctor.

「妻が医者であること」を誇りに思うのは、

I'm proud of my wife being a doctor.

となります。**これが (2) の正解**です。

今までの説明を念頭において、パラグラフ３の１文めを見てみましょう。

A typical DORAEMON story starts with Nobita suffering from the abuses of Gian and Suneo, or doing badly in school, coming home crying, and being comforted by Doraemon.

start with 名詞で「名詞で始まる」です。

今回は Nobita という固有名詞の後に、suffering 〜 , or doing 〜 , coming 〜 , and being という Ving が続いています。これは、**Nobita を意味上の主語とする動名詞**です。

ひとつめの or のところだけが二者択一（ジャイアンとスネ夫にいじめられるのと、学校でひどいことをする（多分０点を取るとか）の二択）で、その後泣きながら家に帰り、ドラえもんになぐさめてもらう、という形でしょう。

すべての行動の主語が Nobita となるわけです。

訳は以下の通りです。

訳 典型的なドラえもんのストーリーは、のび太がジャイアンとスネ夫からいじめに遭うか学校でひどいことをし、泣きながら家に帰り、ドラえもんに慰めてもらうことから始まる。

設問解説

(a)から(c)まで、すべて 英文解説 で説明したので、そちらを参照してください。

　初めに言ったとおり、今回の英文はいきなり難しかったですね……。
　ですから、「全文を理解する！」のではなく、まずは 英文解説 の文法事項を
しっかりチェックしておいてください！

全訳

「ドラえもん」とは何だろう？　それは野比のび太という名前の少年についてのユーモ
アに富んだ子ども向けマンガだ。(a)彼は、子孫が彼を助けるために家庭用ロボットを
過去に送らなくてはいけなかったくらいに、不幸で、弱くて、怠け者なのだ。そのロボッ
トがドラえもんで、彼の四次元ポケットからは、のび太が大人になって、完全にだめな
人間以外の人間になるのに役立つための未来の道具や装置を、どれだけでも取り出せる
のだ。

　私たちは、のび太の両親が、1970年代の日本のまさに典型的な親であると考える。つ
まり、父親はずんぐりした温厚なサラリーマンで、母親はのび太が一生懸命勉強したり
雑事をしたりするのを確かめることが仕事の、働き者の主婦であるということだ。怒っ
たときには恐ろしいけれど、彼女はまた面倒見がよく聡明だ。(b)そして、心のなかで
は、単に自分の息子が成長して、まともで、勤勉で、明るい未来のある大人になってほ
しいだけなのである。のび太の友人たちには、ジャイアンというニックネームのクラス
のいじめっ子や、ジャイアンの副官としてたいていは行動するクラスの金持ちの子ども
であるスネ夫や、優しくて聡明な女の子のしずかや、ときどき登場するものすごく賢い出
来杉がいる。また、彼らの先生もいて、彼はのび太を遅刻を理由に廊下に立たせること
にためらいがない厳格な人間だ。そして何より、ドラえもんは、我々皆がいたらいいな
と願う子ども時代の友人やお兄さんとして行動する。世話好きで、我々より賢く、正義
感があり、どんな問題に対しても解決策を出せる魔法のポケットを持っているのだ。

　(c)典型的なドラえもんのストーリーは、のび太がジャイアンとスネ夫からいじめに
遭うか学校でひどいことをし、泣きながら家に帰り、ドラえもんに慰めてもらうことか
ら始まる。ドラえもんは忍耐強く四次元ポケットを探り、問題のための完璧な解決策を
提示してくれるかもしれない新しい道具を出す。……のび太や彼の友達が、強欲になる
までは。

❗重要語句

パラグラフ1

・〈**think nothing of** ＋名詞〉「（名詞）を何とも思わない」

・**any time** ＳＶ「ＳがＶするときはいつも」

パラグラフ2

・**Greece**「ギリシア人／ギリシア語／ギリシアの」

・**common**「よくある／共通の」

パラグラフ3

・**pay**「〜を払う」

・**wage**「賃金」

・**salary**「給料」

・**Latin**「ラテン語／ラテン系の」

パラグラフ4

・**ancient**「古代の」

・**valuable**「価値のある」

・**invent**「〜を発明する」

・〈**keep** ＋名詞＋ **from** Ving〉「（名詞）がＶするのを防ぐ」

英文解説

第1回の英文のあとでこれを見ると、だいぶ易しく感じるはずです。

だからこそ、細かいことに気をつけて読み進めていきましょう。

パラグラフ 1

> **3文め**
>
> But (a)<u>we think nothing of it</u> because we can get it at a store or supermarket at any time we like.
>
> 「しかし、我々はそれ（＝塩）をなんとも思わない。なぜなら、好きなときにいつでも商店やスーパーマーケットで手に入れることができるからだ」

▶理由についての設問

2文めまでで示された「日々の習慣」（現在形で書かれている部分）があった後、3文めは But という逆説の等位接続詞でつながれています。

その後に think nothing of 名詞「名詞についてなんとも思わない」という内容（ ❗**重要語句** を参照）。

「日々の習慣」ということは、何度も何度もやっていることですから、本来「それがどういう意味を持つのか」「どういう影響があるのか」など気にするべきだと筆者は言いたいのでしょう。

なのに、我々は「なんとも思わない」のですね。

それはなぜなのか。ありがたいことに、すぐに because 節があります。

> ～ because we can get it (= salt) at a store or supermarket at any time we like
>
> 「我々は、好きなときにいつでも普通の店やスーパーマーケットで塩を手に入れられるから」

ここが**問2**の答です。

> **問2** 正解
>
> 我々は、好きなときにいつでも普通の店やスーパーマーケットで塩を手に入れられるから。

このように、「理由は？」と聞かれている部分の答が、そのまま because SV で書かれており、そこを和訳するだけの問題も、国公立大学で多く見かけます。あまり難しく考えないようにすることも大切なのかもしれませんね。

パラグラフ2

> **1文め**
>
> But many, many years ago in Greece, salt was not so common as it is today.
>
> 「しかし、はるか昔のギリシアでは、塩は今日ほどよくあるものではなかった」

▶ not as ［so］〜 as ...

> 例題　和訳しなさい。
>
> (1) He's 19 years old, and I'm as old.
>
> (2) He isn't as old as you.

(1) から見てみましょう。

> 〜 I'm as old.

ここだけを見て、意味はわかりますか？　「私は年をとっている」？

仮に、I'm as old <u>as you</u>. まで存在していれば、皆さん全員が和訳できるんですよね。「私はあなたと同じ年だ」というように。

しかし、それでは as 〜 as ... の本質を理解したことにはなりません。なにせ、as 〜 as ... の as は、1つめも2つめも独立した単語。

特に、1つめの as は、2つめの as なく、単独で出てくることも多いです。次のように考えておいてください。

Point25　as 〜 as ... の1つめの as

品詞は副詞で、so 〜 や too 〜 のように、**後ろの形容詞・副詞にかかる**。
意味は「**同じくらい〜**」「**同じほど〜**」

ここでは、「後ろの形容詞・副詞にかかる」という考え方が大事です。

He is so old. であれば「彼はそのくらい年をとっている（もしくは、「とても年を取っている」）」、He is too old. であれば「彼は年を取りすぎている」、であれば、I am as old は？　そう、「私は同じくらい年を取っている」という意味なのです。

I am <u>as</u> old.
「同じくらい年をとっている」

　今回の (1) の文のように、先に He's 19 years old「彼は19歳」という記述があるのであれば、後ろに 2 つめの as をつけなくとも、「彼は19歳＋私も同じ年」→「彼は19歳で、私も同い年である」という文が成り立つわけですね。

　では、(2) の文はどのような意味になるでしょうか。

よくある誤答：「彼は君と年が違う」

　ありがちなミスですね。not as ～ as ... だから、「同じでない」…。気持ちはわかります。
　ただ、英文は左から右に読むもの。そして、as は old にかかっていて「同じくらい」という意味なのでした。

(2) He isn't as old ～
「彼は同じくらい（同じほどは）年をとっていない」

　そもそも as がなければ He isn't old なのですから、この文で言いたいのは「彼が年をとっていない」という事実なのですね。
　残りの as you を足したうえで和訳すると、次のようになります。

(2) He isn't as old as you.
「彼はあなたほどは年をとっていない」

　本文の salt was not so common as it is today も同じ。「今日ほどよくあるものではなかった」という意味になる理由は以上です。

パラグラフ4

2文め

In Europe before iceboxes were invented, salt was used to keep meat or fish from (**イ** go) bad.

「ヨーロッパでは、冷蔵庫が発明される前、塩は肉や魚がだめになるのを防ぐために使われた」

▶ be used to V

まず、次の2つの熟語を覚えましょう。

Point26 used to 関連の熟語

- **be used to Ving**　　「V することに慣れている」
- **〈used to + V原形〉**「かつてはVしたものだ」

これらの形にハマっていれば問題ないのですが、今回はどうでしょうか？

was used to keep と be 動詞がついているのに、後ろは Ving ではなく V 原形……。ということは、熟語ではありません。

じつは、単に was used「使われた」という**受動態**に、to keep「キープするために」という**不定詞**がついたものにすぎないのです。ですから、上の熟語をもう一度まとめ直しておきましょう。

Point27 used to 関連の熟語（改訂版）

- **be used to Ving**　　「V することに慣れている」
- **〈used to + V原形〉**「かつてはVしたものだ」
- **〈be used to + V原形〉**「Vするために使われる」**〈受動態＋不定詞〉**

5文め

At the market the blocks are broken into small pieces for sale.

「市場では、その塊は売るために小片に砕かれる」

▶ into

into というと、「〜のなかへ」というイメージだけが浮かびそうです。けれど、実際には別の意味で使われることも多いです。覚えておきましょう。

Point28 into

「変化」を表すことがある

例　change *A* into *B*　「*A* を *B* に変える」

　break *A* into *B*　「*A* を砕いて（壊して）*B* にする」

今回は、break *A* into *B* が**受動態**で使われています。

設問解説

問1　①は「発見」。しかし、全文のなかで「塩の発見」についての話はまったく出てきません。

②は「砂糖との比較」。これも「砂糖」の話はありません。

よって、消去法的に考えて③が 正解 となります。

問2　英文解説で答えを出しましたので、見ておいてください。

問3　（　ア　）も（　イ　）も**動詞の原形**が入っています。そして、その（　　　）の手前には without、from という**前置詞**があります。

前置詞の後ろには名詞が置かれるのでした。まとめると、動詞の原形を名詞、つまり**動名詞**に直せばよいのです。

よって、正解 は（　ア　）**knowing**、（　イ　）**going** となります。

問4　整序問題の際には、**まず動詞に着目**します。今回は was と get があります。どちらが文の中心、すなわち主節の V になるのでしょうか？

前後の文の主節の V を見るとわかります。それらはすべて**過去形**。英語ではそう簡単に時制がいったりきたりはしません。ですから、主節の V は was です。そして、V 原形である get は to と組み合わせて**不定詞**をつくります。

では、was の前後を組み立てます。was は **be 動詞**ですから、通常後ろには C がきます。ですから、ここには**形容詞**である easy を置きましょう。

すると、あとは自動的に解答が決まりそうです。

正解 は **It was not so easy to get it.** です。

問5

　第1回で学んだ so 〜 that 構文の典型例です。以下のどちらかの訳を 正解 としましょう。

訳1　かつて塩は、お金の一種として使われるほど手に入れるのが難しかった。

訳2　かつて塩は手に入れるのが難しかったので、お金の一種として使われた。

問6　後ろの who 節の部分が people の説明です。ですから、正解 は「塩を見たことも味わったこともない人々」となります。

問7　① パラグラフ4に書いてあります。「冷蔵庫」で d のヨーロッパが 正解 。

　　　② パラグラフ2に書いてあります。「金持ち」で a の古代ギリシアが 正解 。

　　　③ パラグラフ4に書いてあります。「市場」で e のアフリカが 正解 。

　　　④ パラグラフ4に書いてあります。「金」で c の古代中国が 正解 。

　　　⑤ パラグラフ3に書いてあります。「賃金」で b の古代ローマが 正解 。

全訳

　我々のほとんどが毎日塩を使っている。食べ物を調理するときに、我々はそれを使う。しかし、我々はそれについて特に何も思わない。なぜなら、好きなときにいつでもそれを商店やスーパーマーケットで手に入れることができるからだ。そこにそれはあり、我々はどこから来たのかもわからないままそれを使う。

　しかし、はるか昔、ギリシアでは、塩は今ほどよくあるものではなかった。それを手に入れるのはそんなに簡単ではなかったのだ。ほとんどの人々は、当時、食べ物のなかに塩を使わなかった。とても高価だったので、金持ちの人々だけがそれを使うことができた。

　(b) かつて塩は、お金の一種として使われるほど手に入れるのが難しかった。ローマの労働者は、賃金のすべて、あるいは一部を塩で支払われた。英語の salary という言葉は、ラテン語の salarium に由来する。「塩のお金」を意味するものだ。

　古代中国では、塩は金とほとんど同じくらい価値があるものだった。ヨーロッパでは、冷蔵庫が発明される前に、塩は肉や魚がだめになるのを防ぐために使われた。アフリカの一部の地域では、塩は塊で市場に持っていかれる。これらの塊は教科書と同じくらいの大きさだ。市場では、その塊は売るために小片に砕かれる。世界の一部の地域では、今でも塩を見たことも味わったこともない人々がいる。

問題 → p.011

🛑 重要語句

パラグラフ1

・**survey**「調査」

・**organ**「器官／臓器」

・**allow**「〜を許す」

・**transplant**「移植」

・**cabinet**「内閣」

パラグラフ2

・**current**「現在の」

・**go into effect**「施行される／効力を発する」

　→ effect「影響」も覚えること

・**ban**「〜を禁止する」

・**donate**「〜を提供する」

パラグラフ3

・**indicate**「〜を示す／〜を明らかにする」

・**concern**「関心／心配」

・**overseas**「海外へ」

　→副詞なので、here などと同じように使う

　　例　　He went overseas.（× *to overseas*）

　　　　「彼は海外へ行った」

・**operation**「手術」

パラグラフ4

・**release**「〜を公表する／〜を解放する」

・**available**「手に入る」

・**be opposed to 〜**「〜に反対である」

　→ opposed が「反対である」という意味の形容詞のように使われている。

　　oppose to 〜 としても似た意味

パラグラフ5

・**suffer**「苦しむ／～を患う」

パラグラフ6

・**to the contrary**「反対に」
　→ on the contrary とも言う
・**existence**「存在」
　→ exist「存在する」という動詞も覚えること
・**intention**「意図／意思」
・**previous**「前の」

パラグラフ7

・**including**「～を含んだ」
・**respect**「～を尊敬する／～を尊重する」

パラグラフ1

> 1 文め
>
> 　Nearly three out of five Japanese survey respondents think (a)organs from children younger than 15 should be allowed for use in transplants, according to a Cabinet Office survey.
>
> 「内閣府の調査によると、日本人の調査回答者の 5 人中 3 人近くは、15 歳より若い子どもの臓器が移植に使われることを許すべきだと考えている」

▶「○○の中の△△」

three out of five Japanese ～ の部分の意味はわかるでしょうか。次の 2 つを覚えておきましょう。

Point29 「○○の中の△△」

名詞1 of 名詞2 が基本（例：one of them「彼らの一人」）

ただし、数字で割合を表す場合（例：「5人中1人」など）は次の2つのどちらかで表す

数字1 out of 数字2 　　　「数字2の中の数字1」

数字1 in 数字2

(one out of five people / one in five people

one person out of five / one person in five

いずれも同じ意味で「5人中1人」の意味)

（ちなみに上記の例で、「人」を表すのに people と person という別々の言い方をしているのは、person は原則として「1人の人」、people は「複数の人々」を表し、persons という複数形を使って漠然と「複数の人々」という意味を表すことはまれ（通常は people にする）だからです）

　ということで、今回の three out of five Japanese survey respondents は「日本人の調査回答者の5人中3人」という意味になります。

▶ 接続詞 that の省略

　この文を読んだときに、皆さんは think organs という形を見た瞬間に、think と organs のあいだに **that** を補わなくてはいけません。次のルールがあるからです。

Point30　think の語法

次の2つを除くと、必ず**自動詞（目的語をとれないので、名詞を続けたいときには前置詞がいる）**

❶ **think** that S V 　（that S V が目的語）

❷ **think** O (to be) C 　（頻度は低い）

　つまり、**think のあとにすぐ名詞が続く形というのは、（ほぼ）ない**ということです。そこで、次のことを考えます。

Point31　V that SV の that 省略

原則として、V that SV という形で、that 節が V の O になっている場合、**that そのものは省略ができる**

ただし、❶ V と that 節が離れている場合

　　　　❷ V が受動態のときは省略しないのが普通

例　❶ He told me <u>that</u> he had been here before.

　　「彼は前にもここに来たことがあると私に言った」

　　（told と that 節の間に me があり、離れているので、省略しない）

　　❷ I was told <u>that</u> he had been here before.

　　「私は、彼は前にもここに来たことがあると言われた」

　　（was told という受動態の V の後なので省略しない）

Point30 を考えると、**think の後に organs という名詞は直接つながることはない**。

そして、Point31 を考えると、**think の後には that が省略されていることが濃厚**になるわけです。

```
Nearly three (out of five ～ respondents) think
          S                                        V
[(that) organs ～ should be allowed for use ...]
    O
```

think 名詞と続いていたら、あいだに that の省略を考えてみる。 このルールを知っておくだけできっと役に立つはずです。

パラグラフ2

> **1文め**
>
> Under the current law, which went into effect five years ago, children under 15 are banned from donating organs.
>
> 「現在の法律のもとでは、それは5年前に施行されたものだが、15歳未満の子どもが臓器を提供することは禁止されているのだ」

▶関係詞の非限定用法

関係代名詞については、**第0回**その2で説明した通りです。**前の名詞にかかる節（形容詞節）を作る**のが基本でした。

ところが、そんな関係詞節の直前に「,」（カンマ）がつく用法があるのです。これを「非限定用法」と呼びます。

この言葉をわかりやすく考えてもらうため、日本語の文で問題にしてみますね。

> 例題　以下の「すばらしい」のうち、どちらが「非限定用法」か答えなさい。
> (1) すばらしい予備校
> (2) すばらしい代々木ゼミナール
>
> 正解　(1)

「え？　代々木ゼミナールというように限定されているんだから (2) じゃないの？」と思った人！　いますよね。それ、完全に**発想法が間違っています**。

今、私が尋ねたのは、**「すばらしい」の用法**です。つまり、**「すばらしい」という語の働き**です。

何かの働きを考える際には、その「何か」を一度取っ払ってしまうとわかりやすくなります。

ということで、「すばらしい」を取った以下の2つの名詞を見てください。

> (1) 予備校
> (2) 代々木ゼミナール

この2つのうち、「限定されていない」のはどちらでしょうか？

簡単ですね。(1) の予備校です。なぜなら世の中には数え切れないほどの予備校・塾があるから。

それに対して (2) 代々木ゼミナールは固有名詞です。元から1つしかありません。

では次の例ではどうでしょうか？

> (1)' すばらしい予備校

たしかに、単なる「予備校・塾」は世の中にたくさんありました。しかし、「すばらしい予備校」となるといくつくらいありますか？　思いつく限り、多く見積もっても代ゼミと……あとは1つくらいかなあ……（個人の見解です）。

というように、**数は限定**されました。これが「限定用法」です。

それに対し、(2) 代々木ゼミナールの場合、元から1つなのですから、**どんな修飾語をかけてもそれ以上限定はできません**。このような形容詞の用法を「非限定用法」と呼びます。

Point32 限定用法と非限定用法

例　すばらしい予備校

→たくさんある予備校のうち、「すばらしい」ものに限定＝**限定用法**

すばらしい代々木ゼミナール

→元から代ゼミは 1 つなので何も限定できない＝**非限定用法**

英語の場合の注意点

❶ 英語における「非限定用法」は、**原則として「, ＋ 関係詞」のみ**

❷「, ＋ which」は、**前の SV 全体を指すことができる**（あくまで「, ＋ which」のみなので注意）

例　There is little space for parking around here, which is really a problem.

（which は There ～ here「この辺りには車を停めるスペースがほとんどない」を指していて、それが問題だと言っている）

❸「, ＋関係詞」を読む際は、左→右に見て、**「そしてそれが…」**などと読めば大体 OK（例外はあるが数が少ないので気にしない）

今回の文では、「, which」の前に the current law「（その）今の法律」という単語が書かれています。**「その（1 つの）今の法律」**というようにすでに**限定されている**ので、ここでは「, which」が使われているのですね。

パラグラフ 4

1 文め

　The survey released Saturday found that 59.7 percent of respondents think organs should be made available from children younger than 15, (d)while 19.7 percent are opposed to the idea.

「土曜日に公表された調査により、回答者の59.7％が、15歳未満の子どもから臓器を手に入れることができるようにすべきだと考えていることがわかった。その一方で、19.7％はその考えに反対している」

　この文を読解する際、The survey released Saturday の部分を SVO と読むのは普通だと思います。ところが**「その調査は土曜日を公表した」**では意味が通り**ません**。

そのあと、found という動詞が目に入ります。そこで、実際の V は found であり、released は V ではないのではないか、と考えましょう。これは過去形のV ではなく、**過去分詞形**です。

そこで思い出したいのが「名詞 + Vp.p.」のカタチ。Vp.p. から後の部分が前の名詞にかかるという、**第1回 Point18** で学んだものです。つまり **released Saturday** の部分は前の **the survey** を修飾する形容詞句で、その後ろの **found** がこの文の **V** になっているのですね。

```
The survey (released Saturday) found that S V
    S        形容詞句           V    O
```

ただ、今回は、**第1回**で学んだ文よりも難しく感じたはずです。そこには明確な理由があります。

Point18 で学んだのは、taken や written のように、**見た瞬間に Vp.p. だとわかるカタチ**でした。今回、released を V と勘違いしそうになったのは、released が V 過去形とも Vp.p. とも考えられるからです（release – released – released）。

つまり、以下のように言えます。

write – wrote – written や show – showed – shown のように、**V 過去形と Vp.p. が元から全く違う形のものは見分けが簡単**。ところが、release – released – released や cut – cut – cut のように、**V 過去形と Vp.p. の形が同じものは非常に見分けづらい**わけです。

これを間違えてしまうと、文型を取り間違えるだけでなく、意味も大きく間違えてしまうはずです。なにぶん、V 過去形は能動の意味で、Vp.p. は受動の意味なのですから。

ではどのように見分けるべきか。確実に見分けるためには、ちょっと面倒ですが、次のように考えるとよいです。

Point33 V 過去形と Vp.p. が見分けづらい場合の対処法

V 過去形　　→意味が能動なので、後ろの O の数が通常通り
Vp.p.　　　→意味が受動なので、後ろの **O の数が本来より 1 つ少ない**

受動態にすると、O の数が 1 つ減ります。 これは日本語でも同じで、「彼が窓を割った」という文を受動態にすると、「窓が彼に割られた」となり、「〜を」の

部分が消えます。

　今回の released Saturday の部分も「土曜日を公表した」では意味がわからなくても、「土曜日に公表された」であれば充分意味が通りますものね。つまり「〜を」という目的語の部分が1つなくなっているのです。

　V過去形とVp.p. で迷ったときの1つの判断材料にしてください。

パラグラフ7

1文め

　Regarding whether the wishes of prospective donors under 15 should be honored, (e)32.4 percent of (A)(said / surveyed / those) other people, including family members, should decide, while 28.3 percent felt that children's wishes should be respected.

　「15歳より下のドナーになる見込みのある人々の願いが尊重されるべきかどうかについては、（　　　　）の32.4％は、家族のメンバーを含めたほかの人々が決めるべきだと言い、一方28.3％が子どもの願いを尊重すべきだと感じていた」

▶ regarding

　文頭に Ving を見ると、一瞬動名詞かと思ってしまいますね。

　しかし、regarding という語は原則として前置詞です。次のように覚えてしまいましょう。

Point34 regarding + 名詞

　regarding は前置詞扱いで、意味は「**名詞について**」

用法：❶ 文頭において、新たなテーマの提示

　　　❷ 名詞1 regarding 名詞2で「名詞2についての名詞1」（**ほぼ about と同じ使われ方**）

　今回は文頭ですので、❶の用法です。

　さらに、regarding の後ろは whether 節です。**第0回**その2で学んだように、whether は名詞節を作ることができました。次のような形になっているわけです。

<Regarding [whether the wishes ～ should be honored]>,
　　　前　　　+　　名詞節

さらに、whether 節の意味に関してはまだまとめたことがありませんでした。次のように覚えておきましょう（覚えることが多くてごめんね）。

Point35 whether 節の意味

名詞節：「～かどうか」（**疑問**の意味）

副詞節：「**(たとえ) ～であっても**（なくても）」（**譲歩**の意味）

今回は regarding という前置詞の後ろ（前置詞の目的語と呼ぶのでした）にあるので、名詞節です。

<Regarding [whether the wishes ～ should be honored]>,
　　　前　　　+　　名詞節
< [その願望が尊重されるべきかどうか] については >

▶ those にかかる修飾語

まずは下線部 (A) から解答を出してしまいましょう。

与えられている語は、said と surveyed と those です。

たった3語なのに、V の過去形（もしくは過去分詞形）が2つもあって変ですね。

そこで、パラグラフ4の1文めで解説したことを思い出します。**過去形の V が羅列されているように見えるときは、1つが過去分詞形である可能性が高い**のです。

あのときは、過去分詞のカタマリが前の名詞にかかったのです。

今回も **those** という代名詞があります。

those は「それら」という指示語の意味のほかに、people と同じ、つまり「人々」という意味を持っています。今回は「人々」の意味で考えてみましょう。

とすると、「言われた人々」と「調査された人々」のうち、どちらが正しいでしょうか？

そう、フツーに考えれば「調査された人々」ですね（なにせ、今回はパラグラフ1から respondent「回答者」についての話が出てきていました）。

次に、surveyed の位置です。

those については次のような決まりがあります。

Point36 those にかかる修飾語

　名詞に形容詞がかかる場合、通常「1語では前から・2語以上の句や節では後ろから」というルールがあるが、**those** の場合、**必ず後ろからかかる**

　つまり、調査された人々は、surveyed those ではなく、those surveyed となるのですね。

　整理しましょう。

> \<Regarding [whether the wishes ～ should be honored]\>,
> 　前　　＋　　名詞節
>
> 32.4% (of those surveyed) other people?????
> 　S → V がない！

　この文は、文頭の前置詞＋名詞節の後に、メインの SV が見当たらないのですね。このままでは読めません。

　そこで、整序の選択肢の残りである said を surveyed の後に置きます。すると、すべてがうまくつながります。以下のように…。

> 32.4% (of those surveyed) said
> 　S　　　　　　　　　　　　V
>
> [(that) other people, including ～ , should decide]
> 　O　　　S'　　　　　　　　　　　　　V'

　V ＋ that 節の that は省略できたので、この形を答えにしましょう。**問 7** の 正解 は **those surveyed said**。

設問解説

問 1　organ のアクセントは前、つまり「1」の位置にあります。同じ位置にあるものは、⑥　**previous** と⑨　**suffer** です。

問2

パラグラフ3

> **1 文め後半**
>
> ～ which forces children (b)go ～

force のような「強制的に V させる」という意味を持つ動詞は、次のような形を後ろにとるものが多いです。

> **Point37** 〈V＋名詞＋ to ＋ V 原形〉をとる V
>
> 「させる」「許す」という意味を持つ動詞が多い。
>
> 例　〈force ＋ 名詞 ＋ to V〉「（名詞）に V させる」
>
> 　　〈allow ＋ 名詞 ＋ to V〉「（名詞）が V するのを許す」　　など

ですから、今回の 正解 は⑥　to go となります。

問3　operation は「手術」の意味です（「オペ」という日本語で有名ですね）。

問4　the idea は前方の think 以降に書いてある内容を指しています。 正解 は **全訳** を参照してください。

問5　脳が brain で、死は death です（ちなみに、dead は形容詞で、die は動詞なので、ここでは不適です）。よって、 正解 は **brain death**。

問6　小数点は「point」と呼びます。 正解 は、**thirty-two point four** です。

問7　**英文解説** を参照してください。

問8

① 「日本の臓器移植法は、15歳の子どもが臓器を提供することを禁止している」
　→パラグラフ2の1文めが近いように見えますが、あくまで「15歳未満の子ども」についての話。よって×。

② 「5年前になって初めて、日本の臓器移植法は、効力を持った」
　→パラグラフ2の1文めに一致しています。これが1つめの 正解 。

③ 「今では15歳未満の子どもたちは、自分の臓器が非常に悪い状態のとき、臓器を手に入れるために海外に行く必要はない」

→パラグラフ3の1文めの内容と矛盾しています。よって×。

④ 「回答者の半分以下が、15歳未満の子どもも臓器を提供するのを許されるべきだと言った」

→パラグラフ4の1文めで、59.7%と言っています。「半分以下」ではありませんので、×。

⑤ 「自分の臓器を提供したいと思う回答者の割合は、2000年の調査よりも減った」

→パラグラフ5の内容と矛盾しています。よって×。

⑥ 「今日、2000年よりも少ない割合の人々が、ドナーカードの存在に気づいている」つまり「ドナーカードの存在に気づいている人々の割合は2000年よりも少ない」。

→パラグラフ6の1文めに一致です。よって、これが2つめの 正解 。

⑦ 「回答者の3分の1以上が、15歳未満のドナーになる見込みのある人々の願いが尊重されるべきだと考えている」

→パラグラフ7の1文め後半に、28.3%という記述があります。つまり、3分の1（33.3%）以下なので、×。

かなりの難問でした。もう一度、ゆっくり解説を読んで、理解を深めてください。

全訳

　調査に回答した日本人のうち5人に3人近くが、15歳未満の子どもの臓器が移植に使われることを許可するべきだと考えていることが、内閣府の調査でわかった。

　現在の法律、それは5年前に施行されたものであるが、その法のもとでは、15歳未満の子どもは臓器を提供することを禁じられている。

　調査結果は、日本の臓器移植法についてますます関心が高くなっていることを明らかにしているのだが、その法のもとでは、子どもたちは命を救う手術を受けるために海外へ渡らなくてはいけないのである。

　土曜日に公表された調査では、回答者の59.7%が15歳より年下の子どもからでも臓器が提供されるようになるべきだと考えており、(d)一方19.7%がその考えに反対していることがわかった。

その調査はまた、回答者の36%が、もし自分が脳死状態になったら臓器を提供したいと願っていることも示していた。2000年におこなわれた調査では、32.6%がそう願っていた。

　しかし、反対に、ドナーカード、それはカードの持ち主が自分の臓器を提供する意思があることを示すものであるが、そのカードの存在に気づいている人の割合が、前回調査の81.1%から68.9%に急激に落ち込んでいた。

　15歳未満の将来のドナーたちの願いが尊重されるべきかどうかについては、調査をされた人の32.4%が、家族を含む別の人たちが判断すべきだと言い、一方で28.3%が、子どもたち自身の願いが尊重されるべきだと感じていた。

　これは、20歳以上の人々3000人中約2100人が、この夏に全国でおこなわれた調査に回答したものだ。

❗重要語句

パラグラフ1

- **discover**「〜を発見する」
  → 〈dis-「離れさせる」＋ cover「カバー」〉。「カバーを取る」から「発見する」
- **modern**「現代の」
- **dawn**「夜明け／あけぼの」
- **evolve**「進化する」

パラグラフ2

- **thrive**「繁栄する」
- **vanish**「消滅する」
- **freshwater**「真水の［淡水の］」
- **severe**「厳しい」

パラグラフ3

- **eventually**「ついに／最終的に」
- **region**「地域」
- **populate**「〜に住む」
- **rest**「休憩／残り／その他」
- **species**「種」
- **evidence**「証拠」
- **support**「支持する／サポートする」
- **sparse**「まばらな」

パラグラフ4

- **firm**「確固とした」
- **place**「〜を置く／〜を特定する」（動詞のとき）

パラグラフ5

- **publish**「〜を出版する／〜を発表する」

・edition「版」

・ancestor「先祖」

パラグラフ1

> **1文め後半**
>
> 〜 the oldest known skulls of modern humans —— 160,000 year-old Ethiopian fossils from the dawn of humanity that strongly support the theory that modern humans evolved （　1　） Africa.
>
> 「現代の人間の知られている最も古い頭蓋骨、それは現代の人間がアフリカで進化したという理論を強く裏づける、16万年前の人類のあけぼのからのエチオピア人の化石である」

▶「——」（ダッシュ）

「**ダッシュ**」というと、単なる語の区切りとしかとらえていない人もいますが、それは間違い。きちんとした意味を持っています。

Point38　「——」（ダッシュ）と「：」（コロン）

前にある内容をわかりやすく具体的に言い換えるための記号。つまり、「＝」の役割を果たす

　英語の文章の基本的な流れとして、「**抽象→具体**」の順があります。まず初めにわざとわかりづらい言い方をして読者の興味を呼び起こし、そのあとで具体的な話をするのです。

　この**ダッシュ**と**コロン**もそのための記号です。

　今回は、ダッシュの前に「最も古い人間の頭蓋骨」という記述があります。けれど、「最も古い」と言われても、具体的にどのくらい昔のものなのかという説明は何もありません。

　そこで、**ダッシュ**の登場です。その後ろを見ると、なんと**具体的な数字が書かれている**ではないですか！　16万年前と。これで、少しはイメージがわきやすくなるのです。

▶**that の識別**

　この英文には that が２つあります。

~160,000 year-old Ethiopian fossils from the dawn of humanity

　(i) <u>that</u> strongly support the theory

　(ii) <u>that</u> modern humans evolved （　1　） Africa.

　例えば、inadequate や enthusiastic など、**長くて難しい単語のほとんどは、品詞も意味も１つしかありません**（「不適切な」と「熱狂的な」という形容詞です）。日本語でも、「持続可能性」と言えば、「持続可能性」以外の意味はありませんものね。

　けれど、日本語で「はし」という言葉にいろいろな意味があるように（「橋」、「箸」、「端」……）、英語でも**簡単でよく使う言葉のほうが、品詞や意味がたくさんあり、判別が複雑**なのです。

　なかでも that は非常に面倒。ですので、まずはシンプルに次の３つを覚えておいてください。

Point39　that の３つの品詞と用法

❶ **指示語**

❷ **関係代名詞**：後ろに「名詞が１つ欠けた文」があり、**形容詞節**を作る

❸ **接続詞**：後ろに「完全な文」があり、**名詞節と副詞節**を作る

　（❸ 接続詞の that は Point14 と Point17 で既習）

それでは２つの that を見ていきましょう。

　(i) <u>that</u> \<strongly\> support the theory
　　　　　　 副　　　　　 V　　　O

　(i) の that の後には S がありません。**S になれるのは名詞のみ**ですから、これは「名詞が１つ欠けた文」となります。つまり that は ❷**関係代名詞**です。

　ちなみに、関係代名詞は形容詞節を作りますが、今回は**どの名詞にかかるかわかりますか？**　直前の名詞だから humanity ？　違いますよね。

　次の問題をやってみましょう。

　この解答にはおそらく多くの皆さんが納得することでしょう。なにぶん、**who が指しているのは the room ではなく a lot of students** です。who は人しか指しませんからね。そして、a lot of students は複数形です。なので、②are が正解です。

　元の文に戻りましょう。

~160,000 year-old Ethiopian fossils from the dawn of humanity
　　　　　　　　　　↑修飾
　　((i) that strongly support the theory ~)
　　　　　　V　　　　　　　O

　この文でも、直前の humanity、あるいは the dawn を指すのであれば、V の support は三人称単数を表す supports としなくてはいけなくなります。

　結果として、この **that が作る関係代名詞節は fossils「化石」を修飾している**とわかります。複数形はこれしかありませんからね。

　それでは (ii) that を見ていきましょう。

(ii) that modern humans evolved in Africa.
　　　　　　S　　　　　　V

　空所の（　1　）の 正解 は **in** で問題ないだろう（通常、場所、しかもアフリカのような「広い」場所を表すときには in を使って表します）ということで、**先に解答を入れてしまいました。**

　evolve は「進化する」という意味の自動詞（O がいらない動詞）。つまり、**欠けている名詞はどこにもありません。**よって、(ii)that は③接続詞となります。簡単ですね。

ところが、問題が１つあります。接続詞 that は名詞節か副詞節を作るのですが、これはどちらになるでしょうか？

名詞節であればこの **that 節自体が S や O や C になっていなくてはいけません**。けれど、今回は違いそうです。

副詞節であれば Point17 で学んだように、**so 〜 that 構文や感情、判断の理由を表さなくてはいけません**。しかし、周りにそのような表現はありません。

そこで、次の項目を覚えておいてください。

Point40 同格節を作る接続詞 that

名詞 ＋ that S V（完全な文）　　「S V という名詞」

→意味が❶思考・認識（idea, realization など）
　　　　❷事実・可能性（fact, chance など）
　　　　❸情報・伝達（news, rumor など）

同格節…。聞き慣れない言葉ですね。けれど、次の説明を読んでいけば、「あ、前にあそこでやったあれか！」（「あれ」が多くてすみません）とわかるはずなので、もう少しご辛抱を。

Point40 に則って考えましょう。

今回は the theory「その理論」という「情報」なので、同格 that 節を後ろに置くことができます。よって、読み方としては、「現代の人類はアフリカで進化したという理論」となります。

忘れてはいけない、最後に１つ疑問があります。接続詞の that は①名詞節か②副詞節のどちらかの役割しか持てません。同格節などそこにはなかったはずです。

では、**この同格の that 節は名詞節・副詞節のどちらでしょうか？**

そう、名詞節ですね。

実は、我々は**すでに Point21（p.067）で学んでいます**。名詞が２つ並ぶ場合、前の名詞の「言い換え」をすることがあるのでした。

名詞と名詞節…。そう。名詞が２つ並んでいるのです！

　たしかに、単語単位の「名詞」では、あいだに「,」が入ります。名詞節の場合、あいだを詰めて書くのが基本です（もちろん、離れた部分と「同格」になっている場合もあります）。ですので最初は、名詞２つ（例：Mr. Smith, a professor of MIT,「スミス先生、つまり MIT の教授」などと同じ用法と言われてもピンとこないかもしれません。

　けれど、役割はまったく同じ。

　今例に出したものの場合、突然「スミス先生」と言われても、「え、どのスミス先生？？」とわかりません。そこで、a professor of MIT という肩書の説明をするわけです。

　この英文の場合もまったく同じです。the theory「その理論」と言われても「どの理論なのか」がわからないため、次の that 節（名詞節）で説明をしてくれているのですね。

　まとめましょう。

　接続詞 that は名詞節を作る。**名詞を２つ並べると、同格の形が作れる。**

　そして、そう考えると、同格の that 節を後ろに置ける名詞が❶思考・認識、❷事実・可能性、❸情報・伝達の３種類なのも当たり前ですね。that 節そのもので表すことができる内容がこれらなのですから（**Point14** 参照）、それと同格（＝）になる名詞も同じ内容になるに決まっているわけです。

パラグラフ2

1文め前半

The three skulls —— two from an adult and one from a child —— suggest that people very much like us (a)were thriving on the shores 〜

「その3つの頭蓋骨、2つは大人のもので1つは子どものものであるが、それらは、我々にとてもよく似た人々が沿岸で繁栄していたことを示している」

▶ suggest

「提案する」「ほのめかす」という和訳が有名ですが、じつはそれらは主語が人間のとき（そもそも、「コーヒーが提案した」とか、「パンダはほのめかした」とか、おかしいですもんね）。

では、人以外のものが主語のときはどうなるのか。

たいていは「〜を表す／〜を示す」という意味になります。単語集の和訳などには小さくしか載っていないことがあるので気をつけてくださいね。

パラグラフ3

1文め

Eventually, as their numbers grew, they (　3　) this idyllic region to populate the rest of the world.

「最終的に、彼らの数が増えるにつれて、彼らはこの牧歌的な地域を（　3　）、世界のほかの地域に住んだ」

▶ 接続詞の as

as their numbers grew は、どう見ても as SV という形になっています。つまり、この as は接続詞です。

以下を覚えておきましょう。

Point41 接続詞の as

原則：「＝」（同じ）の意味がある

❶ 様　　態　「S が V する（のと<u>同じ</u>）ように」
　　　　　　　（as 節のなかで、「省略」や「代名詞／代動詞での言い換え」
　　　　　　　が起こりやすい）

❷ 同時並行　「S が V するにつれて（<u>並行して</u>）」
　　　　　　　（as 節のなかに、「変化を表す表現」があることが多い）

❸ 時　　　　「S が V するのと同時に」

❹ 理　　由　「S が V するので」

　＊〈C as S V ／ V 原形 ＋ as S ＋ 助動詞〉という形のときのみ、「S が V
　するけれど」という「譲歩」の意味を持つ

今回はどの意味でしょうか？

as 節のなかに「省略」や「代名詞／代動詞での言い換え」は見あたりません。ただ、**grew**「成長した／増えた」という「**変化を表す表現**」があります（たとえば「彼のプレーは 1 年前より成長している」という文を考えてみましょう。「うまくなっている」という「変化」を表しています）。

ですから、今回は「〜につれて」という訳を出したわけです。

ついでに（　3　）の答えも出してしまいましょう。

選択肢を見ると、①　left、②　leave、③　leaving となっています。

ここで、as 節がヒントになります。なにせ、as 節の中身が「**過去形**」なのです。しかも **as は「＝」の意味**で、「〜につれて」でした。時制がくい違うはずがありませんね（「昨日、私は勉強するにつれて、明日私は疲れるだろう」というようなことはありえません。「**同時並行**」なのですから）。

よって、正解 は as 節内の時制と同じ過去形の①　**left** となります。

設問解説

問1

（　1　）「アフリカ（のなか）で進化した」のですから、正解は① in です。

（　2　）手前には a time があります。（　2　）以降のＳＶがこの time にかかるので、関係副詞の② when が入ります。

次のルールを覚えておいてください。

Point42 関係副詞とその特徴

関係代名詞節と同じように、**前の名詞を修飾する形容詞節**を作る

ただし、以下の３つに注意

注１：**when が修飾できるのは「時」関連の名詞**

　　　where は（ほぼ）どんな名詞でも修飾できる。特に、「状況・場面」を表す名詞（case や situation など）を修飾するときに、when ではなく where を使うのは入試問題で必須

　　　why は reason 以外修飾しない

注２：**the time when SV の the time か when**

　　　the place where SV の the place か where

　　　the reason why SV の the reason か why

　　　は省略されやすい

注３：**関係副詞の後ろは「完全文」**（欠けた名詞のない文）

（　3　）英文解説を参照してください。

（　4　）

パラグラフ４

１文め後半

　〜 the dating is firm, placing (c)them at （　4　）30,000 years older than the best previously known skulls, 〜

「年代特定は確かで、それらを、以前までに最も知られていた頭蓋骨よりも（　4　）３万年古いと特定した」

「年代特定は確かである」ことがわかったのです。パラグラフ１で、これが16万年も前のものであることを提示していました。ちょっと突拍子もない数字で

す。

けれど、このパラグラフ４で、それを「確かだ」と言っているのですから、こ
こは「**どれほど少なく見積もっても**」でしょう。 正解 は② **least**。

（ 5 ）

パラグラフ5

２文め

"With these new crania, we can now see（ 5 ）our direct ancestors
looked like."

「これらの新しい頭蓋骨により、今、我々は自分たちの直接の先祖が
（ 5 ）かがわかるのです」

これは文法問題です。選択肢は① when、② while、③ what。

本文に戻ります。（ 5 ）より後ろは、「**完全文**」「**不完全文**」どちらでしょ
うか？ そう、**like** がキーワード。これは looked という V の後ろにあるので、
V ではありえません。つまり、**前置詞**です。

ですが、その前置詞の後ろに名詞がありません。ということは、「**不完全文**」
なのです。選択肢のなかで、皆さんが知っている「**不完全文**」をともなえる語が
ありますね。そう、③ **what** です。これが 正解 です。

文法知識が増えると、設問の解答もたやすく出せるようになります！

問2 どちらも単語の意味を聞いている問題。 ⚠**重要語句** で解説しているよう
に、thrive は「繁栄する」、support は「支持する、サポートする」→**主張をサポー
トする、裏づける**ということです。

よって、正解 はそれぞれ (a) ②、(b) ②となります。

問3 指示語は、その**指示語部分と文法的に同じ箇所**であることが多かったので
した。ところが、今回の them は目的語。その前の文はどちらも be 動詞を持っ
ているので、O はありません。

ならば、しかたがありません。前文で複数形のものを答えとしましょう。
正解 は① **the new skulls** となります。

全訳

カリフォルニア大学バークレー校の研究者たちは、世に知られている現代の人間の最

も古い頭蓋骨を発見した。それは16万年前のエチオピアの人間のあけぼの時代の化石で、現代の人間がアフリカで進化したという理論を強く裏づけるものである。

　その３つの頭蓋骨、２つが大人のもので、１つが子どものものであるが、それらは、我々に非常によく似た人間が魚やカバを肉にしながら、ヨーロッパが厳しい氷河期に見舞われていた時代に、エチオピアの今では消えてしまった淡水湖の沿岸で繁栄していたことを示している。

　最終的に、彼らの数は増えて、この牧歌的な地域を離れ、世界のほかの地域に住み着いた。遺伝学の研究によると、人間の種はアフリカ起源であると長いあいだ示されてきたが、その考えを裏づける化石の証拠はまばらであったのだ。化石は断片的で、その年代特定もしばしばあいまいだったのである。

　しかし、その新しい頭蓋骨は損なわれていないし、年代特定も確固たるものである。それらは少なくとも、これまで最もよく知られていた頭蓋骨よりも３万年は古く、おそらく６万年前くらいのものと特定されるのである。

「今では、化石の証拠が分子の証拠ともうまく調和しています」とバークレー校のティム・ホワイトは言った。彼は『ネイチャー』誌の木曜版に発表された２つの論文の主執筆者だ。「これらの新しい頭蓋骨によって、我々は自分たちの直接の先祖がどのような人間であったのか、今わかるのです」

❗**重要語句**

パラグラフ1

・**critic**「批評家」

・**content**「内容／満足した」

・**violence**「暴力」

・**especially**「とりわけ」

・**with [in] regard to ~**「~に関しては」

・**present**「~をあげる／~を示す」

　→〈pre-「前に」＋ sent「渡す」〉からくるもの。だから、「プレゼント」は「贈り物」、「プレゼンテーション」は「発表」。どちらもだれかに何かを渡したり、伝えたりするという共通点がある

・**occurrence**「出来事」

　→ occur「起こる」という動詞も覚えること

パラグラフ2

・**criticism**「批評／批判」

・**shift**「~を移す」

・**subject**「主題／テーマ」

・**medium**「メディア／仲介物／真ん中」

・**passive**「受け身の」

パラグラフ3

・**aspect**「側面」

・**interfere with ~**「~を妨害する」

・**substitute**「代わりの」

・**take over**「~を引き継ぐ」

・**for the purpose of ~**「~の目的で」

パラグラフ4

・**go through ~**「~を経験する」

・**removal**「取り除くこと」

→ remove「〜を取り除く」という動詞も覚えること

・**ignore**「〜を無視する」

パラグラフ1

> **4文め**
>
> There is evidence that TV does in fact lead people to accept more violence in everyday life.

まずは問題です。**第4回**で学んだばかりなので、**あえて問います**。この that の種類は①指示語、②関係代名詞、③接続詞のどれですか？

「does の後ろに O がない！ 名詞が欠けているから②関係代名詞！」と考えませんでしたか？ 残念。解答は③接続詞です。

▶ **強調の do / does / did**

次のルールを覚えておきましょう。

𝐏𝐨𝐢𝐧𝐭43 強調の do / does / did

do
does 　＋V原形→ 　Vが"真実"であることを強調する
did

> 例　Most people might think his carelessness caused the accident, but I <u>do</u> believe he is innocent.

「ほとんどの人は、彼の不注意がその事故を招いたと考えているようだが、私は彼が無実だと信じている」

（ほとんどの人の「通念」に対し、「私」は無実を真実であると考えている）

注：この形が使えるのは do / does / did のみ。be 動詞や can / must などの助動詞は使えない

今回の場合、どうなっているのか。内容を見てみます。前の文はこうです。

3文め

The problem seems especially serious with regard to younger children.

「幼い子どもに関して、その問題はとりわけ深刻に思える」

この文では seem を使って**断言を避けています**。つまり、「そう思える」だけで、それが真実かどうか曖昧なのですね。

そこで、次の文で、

TV **does** <in fact> lead 〜
S   V

と言っている。「〜ようだ」ではなくて、「本当に」〜しているという意味ですね。真実だと断言しました（あいだに in fact が入っていて見づらいのですが、does lead でセットです）。

この does が「〜する」という意味ではないことがわかりました。さらに話を進めましょう。

文法的に見ると that の品詞が接続詞であるのも納得ですね。つまり、does の後ろに O が足りないのではなく、**does lead という形を作っている**のですから。つまり先ほどの問いに対する**解答は③接続詞**で問題なさそうです。

ではこの接続詞 that は名詞節、副詞節どちらを作っているのか。

手前には evidence「証拠」という名詞があります。「証拠」とは「事実」です。Point40 で学んだように名詞節の that 節を evidence に対する同格として置くことが可能です。

まとめると、**この that は接続詞で名詞節を作り、evidence という名詞と並べることによって同格の形を作っている**ことになります。

There is evidence
     V   S

[that TV **does** 〜 lead people to accept more violence 〜]
同格 S'   V'   O'   C'

「[テレビが人々にさらなる暴力を受け入れるよう導いている] という証拠
がある」

5文め

How could this not happen when it presents violent acts, often with guns and knives, as normal and common occurrences?

「それ（＝テレビ）が、暴力的な行動、たいていは銃やナイフを使ったものを、普通でよくある出来事として見せているなら、どうしてこのようなことが起きなくなるだろうか？」

▶ 反語の疑問文

「だれが彼の姿を見たの？」と言えば、単純に「疑問」。ただの質問をしているだけでしょう。

それに対して、「だれが彼の姿を見たというのだ？」と言えば、「だれも見ていない」ということ。

「見たの？」と「見たというのだ？」。こんな語尾により、日本語ではそれが「**疑問文**」か「**反語文**」かを（ある程度までは）感知できます。

けれど、それが英語になってしまうと、日本語ほど簡単にはわかりません。

しかし、区別しないと大変！　「疑問」は本当の謎ですが、「**反語**」は強い肯定です。「謎」は不確定で、「強い肯定」は完全なる確定ですから、ある意味、これらは反対なのです。

そこで、次の決まりを覚えておいてください。

Point44 「疑問文」と「反語文」
・「疑問に対する答え」が直後に**出されていれば、「疑問文」**
・「疑問に対する答え」が直後に**出されていなければ、「反語文」**

謎を謎のまま残しておくほど、英語の文章はいいかげんではありません。だから、謎であれば、必ず直後に筆者が「答えらしきもの」を提示するものです。

では、今回はどうでしょうか？

直後でパラグラフが終わってしまっているではないですか！　これでは答えが出せません。

というわけで、今回は「**反語**」、**すなわち**「**強い肯定**」（今回は否定文なので、「強い否定」）です。「〜するのか、いやしない」ということです。

もう一度、訂正して和訳をしておきます。

「それ（＝テレビ）が、暴力的な行動、たいていは銃やナイフを使ったものを、普通でよくある出来事として見せているなら、このようなことはけっして起きなくなったりはしない」

パラグラフ2

1文め

In the last few years criticism of television has moved to a new stage by shifting the focus from the subject matter to the experience of the medium itself.

「ここ数年のあいだに、テレビについての批判は、焦点を、テーマの問題からメディア（＝テレビ）そのものの経験に移すことによって、新たな段階に進んだ」

▶長い前置詞のカタマリ

by shifting 以下に注目しましょう。

その際には、**shift**「〜を移す」という言葉から、ある内容を想像してほしいのです。

だって、「ねえねえ、お母さん頼みがあるの。移しておいてね」と言われても、何が何だかわかりませんね。

第4回の解説（p.095）で確認したように、英文の流れの原則は「**抽象→具体**」でした。ですから、「移す」といえばまずは「何を？」が気になります。

その後、「本を移して！」と言われれば、「どこへ？」、さらには「どこから？」が気になるはず。

今回の英文では、「〜を」→「〜から（from）」→「〜へ（to）」の順番にその

謎が明かされていくのです。

３文め前半

The way children watch it causes them to be passive, 〜

「子どもがそれを見る方法が、彼らを受け身にしているのだ」

▶ the way S V

「SがVする方法」という言い方は、以下の４種類があります。

Point45 「SがVする方法」

・how S V

・the way S V

・the way that S V （that は関係副詞）

・the way in which S V （which は関係代名詞）

　＊どれも意味は変わらない

　＊ the way how S V という言い方はできない

　＊SVの部分はどれも完全文

ここではまず上の４つのパターンを覚えてしまってください。

本文は、the way S V の形をとっています。

The way [children watch it] causes them to be passive, 〜
　　　　　　S　　　　V

> 2文め
>
> The "box" has too often become a substitute parent, taking over most of the work of introducing social and moral values to the child and developing them in him.
>
> 「その『箱』が代理の親になることが多すぎる。社会的・道徳的価値観を子どもに紹介し、その子のなかでそれらを発達させるという仕事のほとんどを引き継いでしまうのだ」

▶the に注意する

the "box"「その『箱』」と言われて途方に暮れてはいけません。**the がついている名詞は「特定のもの」、つまり読者の頭のなかにも浮かぶようなもの**です。そして、「読者の頭のなかに浮かべる」ためには、通常はこれまでの話のなかで出てきている内容でなくてはいけません。

今回の「箱」は、もちろん「テレビ」のことです（もっとも、薄型テレビ世代の皆さんにとってはイメージが浮かびづらいかもしれませんね……）。

▶分詞構文

構文解析をしてみましょう。

```
The box has <too often> become a substitute parent,
 S              V            C
<taking over most of the work of introducing ～
                        and
                developing ～ >
```

今回のテーマは Ving です。

この英文には **Ving が3つ出てきます**。taking、introducing、developing です。

これらのうち、構文解析においては introducing と developing を and で接続しました。なぜでしょうか？

次のルールを覚えておきましょう。

Point46 等位接続詞（and / or / but）のルール

原則として、**文法的に同じ役割の箇所を結ぶ**。同じ役割がわからないときは、**「形が繰り返されている方」を優先**する

「文法的に同じ役割の箇所」…。つまり、S なら S を、O なら O をつなぐのですね。

ただ、「同じ役割」と言っても、その役割が見分けづらいときは大変です。

たとえば、今回、and の直後に developing があるので、Ving と結びたいのですが、残念、**Ving は前に 2 つあります**。どちらと結ぶのでしょうか？

結論から言うと、今回は**「形が繰り返されている方」**を優先しました。

というのも、introducing の O は social and moral values という複数形、そして developing の O も them という複数形だからです（これは結果論ですが、them は social and moral values を指しています）。

> <taking over most of the work of introducing social and moral values ～
>
>   and
>
>   developing them ～
>
> 「社会的、道徳的価値観を紹介し、それらを発達させるという仕事のほとんどを引き継いでいる」

ちなみに、どちらも of の後ろにあるので、この Ving は名詞句です。

「Ving の名詞句？ 動名詞じゃないの？」と思った皆さん、そう、動名詞なんです。ただ、動名詞とは Ving の名詞句なのです。

…ややこしいですよね。ということで Ving の用法についてまとめておきましょう。

Point47 準動詞 Ving の用法と名前

・Ving が名詞句を作る   →「動名詞」
・Ving が形容詞句を作る   →「現在分詞」
・Ving が副詞句を作る   →「分詞構文」

本来ならば「Ving の形容詞句」と言いたいところ、面倒なので「現在分詞」という名前を使ってしまうのですね。

個人的には、こういう文法用語の名称の難しさが英語ギライを増やしている気がするので、あまり賛成したくないのですが…、でも慣れると難しくありません。Point47 の用語をそのまま覚えておきましょう。

　そして今回の英文に戻ります。

　introducing と developing は動名詞、では taking は？　S にも O にも C にもなっておらず、手前は「,」なので修飾すべき名詞もない…つまり副詞句、別名「分詞構文」です。初登場ですね。

　これもまずはまとめから見ましょう。

Point48 分詞構文

- **定　義**　Ving や Vp.p. が作る副詞句
- **位　置**　文頭、文中、文末どこでも置けるが、原則としてカンマで区切られる
- **意　味**　❶時「〜するとき」
　　　　　　❷理由「〜なので」
　　　　　　❸条件「〜すると」
　　　　　　❹譲歩「〜だけれど」
　　　　　　❺付帯状況「〜しながら」（同時並行）
　　　　　　❻継起「…して〜する」（文末に置かれ、前の内容に続けて起きることを示す）

　意味が６つもあると面倒だと思われるかもしれません。しかしポイントを掴めば簡単。

　まず、筆者が**本当に「時」や「理由」の意味を表したいときには when や because を使います**。だから、基本的には**意味は曖昧**です。

　和訳の問題が出ているわけではないときには、「左→右」の順に読んで、「V して…」とか「V されて…」と考えれば大丈夫。

　ただ、６つの意味のなかで、❹譲歩と❻継起だけは気をつけてください。

　これらが和訳問題として出された際、❹**「〜だけれど」というのは、前後が逆の内容のときに使われるフレーズ**です。テキトーに、「V して…」と流すわけにはいきません。しっかり「〜だが」「〜けれど」などの意味を記しましょう。

更に**⑥継起**は、その名の通り、「何かに継いで（続いて）起こること」。前の内容があって、それが別のフェーズにいく際に使われます。

「先に…して、次に〜する」のように、順番が大切になることがありますので、和訳問題では気をつけましょう。

では今回は何か。文末にある点から考えて、**⑥継起**の分詞構文です。

パラグラフ4

> **2文め**
>
> Much of the discussion of TV during the next few years will center on how to reduce the dangers which it presents, particularly to younger people.
>
> 「次の数年間のテレビについての議論の多くは、それ（＝テレビ）が与える危険、とりわけ若者に与える危険をどのように軽減するかが中心となるだろう」

will のあとに **center** があります。center は通常は名詞ですが、will という助動詞のあとなので、今回は**動詞**です。意味は「中心とする」。

このように、意外な語が意外な品詞になる場合があります。その際にも、周辺の情報（今回は will）に注目すれば、知識を使わなくてもその場で判断できるケースが多いです。気を配りましょう。

設問解説

問1　「テレビが長いあいだ批判されてきたのは、おもに（　1　）からだ」

① それが幼い子どもにその前で時間を無駄にさせる

② それが広告を通じて、人々に銃やナイフをほしがらせる

③ それが人々に暴力に耐えたくないと思わせている

④ それが暴力を示していて、とりわけ若者に影響を与える

→批判された理由についての問題。問題文の時制は、has been という**現在完了**。本文でも、パラグラフ1の2文めが**現在完了**になっており、「**番組の内容の暴力性**」が問題だと言っているので、④が一致です。これが 正解 。

問2 「テレビに対する最近の批判は、（　2　）に焦点を置いている」

① それが促進する活動的な生き方

② 番組の内容が子どもの脳に与える影響

③ 子どもの発育に関するメディアそのもの

④ それが子どもに示すテーマの問題

→最近の焦点の話は、パラグラフ2の1文めに書いてありました。「内容」よりも**「見るという行動そのもの」**に焦点はズレてきているのでした。「見ることそのもの」を表すのは③です。正解 は③。

問3 「テレビの存在は、（　3　）によって、家族を弱めるかもしれない」

① 子どもに親を頼りにすることを勧めること

② 子どもに道徳観のより大きな意味を与えること

③ 家族がいっしょに分かち合う時間をさらに提供すること

④ 親の仕事の本質的な部分を引き継ぐこと

→家族のきずなについての話は、パラグラフ3の2文めに書いてありました。**「代理の親の働きをしてしまう」**のです。④が 正解 。

問4 「筆者は、社会におけるある人々が、ついには（　4　）を試みるかもしれないと述べている」

① 若者に向けられたテレビ広告を禁止すること

② 子どもに「テレビの経験」をうまく切り抜けさせること

③ 子どもがテレビを見るのを禁止すること

④ メディアの教育的利点を認識すること

→「ついには」という最終的行動は、パラグラフ4の5文めに書いてあります。**「そのようなメディアを取り除く」**のです。当然 正解 は③です。

全訳

　世界の多くの地域では、テレビの影響がますます大きな心配の種になっている。何年ものあいだ、テレビについて批判する人々は、番組の内容、とりわけ暴力の問題について集中してきた。それが視聴者に影響をおよぼすからである。その問題は、幼い子どもに関して、とりわけ深刻に思える。テレビが日常生活で、実際に人々にさらなる暴力を受け入れるように導いているという証拠もある。テレビがしばしば銃やナイフを用いた暴力的な行動を、普通でよくある出来事のように見せているのに、どうすればこういう

ことを起こらなくさせられるというのであろうか？

　ここ数年のあいだに、テレビについての批判は、焦点をテーマの問題からメディアそのものの経験に移すことによって、新たな段階に進んだ。今、テレビに関しての問題は、単に何を見るかではなく、どう見るかにある。子どもがそれを見る方法が、彼らを受け身にするうえ、ある証拠では、そのような見方が幼い子どもの脳の発達に影響を与えるかもしれないとすら示されている。

　しかし、テレビの最悪の側面は、家族生活への妨害の仕方にある。その「箱」は、あまりに頻繁に代理の親になり、社会的・道徳的価値観を子どもに紹介し、その子のなかでそれらを発達させるという仕事のほとんどを引き継いでしまうのである。親はテレビを、子どもたちを黙らせておくためのドラッグのように使うことによって、このことを引き起こしてしまう。最終的に、子どもはその箱に依存するようになり、なくてはならない一生涯の習慣になってしまうのだ。

　多くの子どもたちが、「テレビの体験」を経てうまくやっていく一方で、そのほかの多くの子どもたちはテレビに深く影響されてしまう。次の数年間のテレビについての議論の多くは、とりわけ若者に対して示す危険性をどのように減らすかが中心となるだろう。すでに、ある年齢未満の子どもに向けられたテレビ広告を禁止しようとする動きもある。おそらく、これは単なる始まりにすぎない。最終的には、ある人々は、そのような強力なメディアを若者の生活から取り除くことを要求するという、極端な行動にさえ出るかもしれない。これは現実的な解決策ではないかもしれないが、テレビの危険性を無視すべきではないのである。

❗重要語句

パラグラフ 1

- **complain**「〜と文句を言う」
- **at the same time**「同時に／けれども」
- **disaster**「災害」
- **maintain**「〜を維持する／〜を保つ」
- **strike**「〜を打つ／〜を襲う」
  - → strike － struck － struck と変化する
- **disrupt**「〜を混乱させる／〜を中断させる」
  - → 〈dis-「離れる」＋ rupt「破く」〉からくる単語
- **broadcast**「放送／〜を放送する」
- **partially**「部分的に」
  - → part の副詞形
- **agency**「代理店／政府機関」
- **reassure**「〜を安心させる」

パラグラフ 2

- **product**「製品」
- **composition**「作曲／作品」
  - → compose「〜を作曲する／〜を構成する」という動詞も覚えること
- **prepare**「〜の準備をする／〜を作成する」
- **furthermore**「さらに」
- **share**「〜を共有する」
- **offer**「〜を提供する」
- **additional**「追加された／さらなる」
  - → add「〜を加える」という動詞も覚えること
- **opportunity**「よい機会」
  - → chance は「よい機会」も「悪い機会」もどちらも表すが、opportunity は「よい機会」のみ
- **stimulate**「〜を刺激する」

- ・incorporate「〜を組み入れる」
- ・greeting「あいさつ」
- ・cable「ケーブル」

パラグラフ3
- ・precious「貴重な」
- ・commodity「日用品／便利なもの」
- ・eliminate「〜を消す」
- ・time-consuming「時間を浪費させる」
  → consume「〜を消費する／〜を浪費する」という動詞も覚えること
- ・errand「お使い／雑事」
- ・otherwise「そうでなければ」
- ・virtually「実質的に／ほとんど」
- ・fruitfully「実りあるように／効果的に」
  → fruitful の副詞形

パラグラフ4
- ・relieve「〜を和らげる」

英文解説
パラグラフ1

> 3文め
>
> For example, during major natural disasters, people are able to maintain communication with others through high-tech means, such as home computers and the Internet.
>
> 「たとえば、大きな自然災害が起きたときは、人々はハイテク手段、たとえば家庭用コンピュータやインターネットを通じて、ほかの人との連絡を保つことができるのだ」

▶ maintain

maintain という単語の意味はわかりますよね。「〜を維持する」という意味です。maintain の名詞形である maintenance「メンテナンス」は完全に日本語化していますから。

ただ、次のように覚えておくと応用が効きます。

Point49 -tain で終わる動詞

原則として "**keep**" と似た意味を持つ

例　**sustain**「〜を保つ」、**contain**「〜を含む（中に保っているということ）」など

ぜひ、単語を覚える際のヒントにしてください。

▶ mean(s)

　品詞によってまったく意味の異なる単語の１つです（もとを正せば、語源は同じではありません）。ですから、品詞ごとに、まったく別の単語のつもりで覚えてください。

Point50 mean(s)

❶ 動　　詞 「〜を意味する」（他動詞）
❷ 名　　詞 「手段」（単数・複数関係なく、**常に means という形で用いる**）
❸ 形 容 詞 「意地悪な／ケチな」

　今回はどの品詞でしょうか？　手前に high-tech という表現があります。「-」**でつながれている語は原則として形容詞になる**ので（　例　a three-year old boy「３歳の男の子」）、後ろには名詞が必要です。

　というわけで、今回の **means** は「手段」という意味なのです。

▶ such as

　重要表現です。

Point51 such as

　A such as *B*、もしくは such *A* as *B* という形をとり、「*A* たとえば *B*」と考える

　→ *A* には**抽象的な内容**、*B* には**具体的な内容**がくるため、しばしば *B* の部分に並列が起きる

　熟語集などを見ると、「*B* のような *A*」と訳されているものが多いのですが、

ここではその訳し方は勧めません。

　何度も言っているように、英語は「**抽象→具体**」の展開を基本とする言語です。だからこそ、我々もできればその順序どおり考えなくてはいけません。ですから、「KADOKAWA のような出版社」と「具体→抽象」で考えるより、「**出版社、たとえば KADOKAWA**」という「**抽象→具体**」の順序を保つクセをつけるようにしてください。

　これぞ、まさに英語の語順！　なのです。

　ちなみに、今回の場合は、high-tech means「ハイテク手段」を先に言い、そのあとに具体例として「家庭用コンピュータとインターネット」を挙げているわけですね。

---

7 文め

　In many cases, they were able to reassure themselves that their families were safe.

「多くの場合、彼らは自分の家族が安全であるとわかって安心できたのだ」

---

assure も reassure も、どちらも Ｓ Ｖ O_1 O_2の文型がとれ、なおかつ O_2には that 節を置くことができます。assure は「O_1に O_2を保証する」、reassure は「O_1を O_2に関して安心させる」という意味です。

---

8 文め

　Technology provided these people with a way to get the information they needed to (a)set their minds at rest.

「テクノロジーはこれらの人々に、彼らを安心させるために必要な情報を手に入れる方法を与えたのだ」

▶ 関係代名詞の省略

　この文には関係代名詞が省略されています。the information と they のあいだです。

> Technology provided these people <with a way>
>   S   V   O   ↑形容詞句
> (to get the information (関係代名詞 they needed to set their minds at
> rest)).   ↵ 形容詞節

そもそも、接続詞も関係詞もないまま、突然 they needed という新しい SV が始まるわけはないので、何かの語が必要なのはわかるでしょう。

しかし、なぜ「関係代名詞が省略」と断言できるのか。いきなり結論を言ってもよいのですが、現時点での皆さんの到達度を試したいので、次の問題を解いていただきたいと思います。

例題　次の文の中の下線が引かれている関係代名詞のうち、省略できるものとできないものを判別しなさい。

(1) These are the books <u>which</u> my mother gave me.

(2) These are the books <u>which</u> explain about mindfulness.

(3) She is not the woman <u>that</u> she used to be.

(4) That is the man with <u>whom</u> I ate lunch yesterday.

(5) There are a lot of students in this room <u>whom</u> I've known very well.

「目的格の関係代名詞が省略できるから…(1) と (4) と (5) ！」のように考えてはいませんか？　それほどシンプルではありません。

正解　　(1), (3)

次のルールを覚えておきましょう。

Point52 関係代名詞省略の見つけ方

❶　名詞が 2 つ並んでいる（名詞 A、名詞 B とする）

❷　名詞 B が、その次の V に対する S になっている

❸　その V の後ろに、あるべき名詞がひとつ欠けている

❹　欠けている名詞＝名詞 A が成り立つ

「面倒くせえ！！」と思って、本を閉じないで！　たしかに文字にすると面倒そうに見えるのですが、やっていることは全然難しくありません。(1) の例文を参考に考えてみましょう。

(1) These are the books my mother gave me.

「関係代名詞省略の発見」なので、あえて which を省略した形にしてみました。

Point52 の通り、the books と my mother の❶名詞が２つ並んでいます。

次に❷ my mother は明らかに gave の S です。更に、give には「〜を」与える の「〜を」が不可欠です。つまり❸名詞が１つ欠けています。

では、欠けている名詞は何なのか？ 名詞 A に当たる the books ですよね。「母は私にそれらの本を与えた」のですから。ルール❹が成立しています。

ということで、the books と my mother のあいだには関係代名詞が省略されていると断言できるのですね。

ちなみに、ここで「which、that、何が欠けているのか？」などと考える必要はありません。大切なのは、関係代名詞節は形容詞節であること、すなわち my mother から先が the books にかかる形容詞節を作っていることに気づくことです。

では、残りも関係代名詞を省略した形を並べてみましょう。

(2) These are the books explain about mindfulness.

(3) She is not the woman she used to be.

(4) That is the man with I ate lunch yesterday.

(5) There are a lot of students in this room I've known very well.

(2) は❶の段階でアウトです。名詞が２つ並んでいる箇所がありません。

(3) は❶ the woman と she が並んでいる。❷ she は used to be の S。❸ be の後に名詞（もしくは形容詞）が欠けている。❹ be の後に the woman を置いても問題なし。つまり、the woman と she のあいだに関係代名詞が省略されています。

(4) も❶の段階でアウト。名詞が２つ並んでいる箇所がありません。つまり、前置詞＋関係代名詞の形の関係代名詞は、絶対に省略できないのですね。

(5) は❶ this room と I が並んでいる。❷ I は have known（'ve known）の S。❸ have known の後に「〜を知っている」のか、つまり名詞が欠けている。ここまではバッチリです。

しかし、欠けている名詞は名詞 A、つまり this room ではありません。this で限定されている名詞に形容詞節をかけるのであれば、「, which」の形にしなくてはいけません。

　しかも、元の文の関係代名詞は whom、すなわち修飾されている名詞は「人」、つまり a lot of students です。2 つのことから、欠けている名詞 = this room ではないのは明白。こういう場合には、whom でも省略はできません。

　それでは元の文に戻ります。

Technology provided these people <with a way>
　　　S　　　　V　　　　　O　　　　　　　↑形容詞句
(to get the information (関係代名詞 they needed to (a)set their minds at rest)).　　　↵形容詞節

　ここで**問 5** を解いてしまいましょう。下線部 (a) は **set [put] one's mind at rest** で「〜を安心させる」という意味になります。

　次に選択肢を見てみましょう。

① 「彼らに安心だと感じさせる」

② 「決心する」

③ 「彼らをしばらく休ませる」

④ 「心と体が安全だと感じさせる」

　もちろん、 正解 は①となります。

パラグラフ 2

8 文め

Everything from movies to live concerts or sports events will soon be available to any home at any time through telephone lines and cable networks.

▶ **live**

　あえて 訳 を載せませんでした。皆さんに考えてほしいことがあるからです。

　from movies to live concerts の live の品詞を考えてほしいのです。何でしょうか？

　そう。これは**形容詞**ですね。だから、意味も「住む」などではありません！「前

に to がついているから、〈to ＋ V 原形〉じゃないの？」と思った人は、ずっと言い続けている「**抽象→具体**」の流れが理解できていません。

　今回は、文頭に everything という語があります。そのあと、from movies です。「映画からすべて」。意味がわかりますか？　わかりませんよね。

　ならば、頭を使わなくては。

　たとえば、「すべて／何でも」と言われたら、皆さんはどうツッコミますか？「オレさ、じつは何でも食べられるんだぜ！」と言われたら。

　フツーは、「本当かよ！」と思うでしょう。「本当にセロリからピータンから納豆からブルーチーズから数の子から豚足からイナゴまで、何でも食べられるんだな！」とツッコミたくなるじゃないですか。

　そう。「〜から〜まで」なんだよ、と。

　今回も同じです。だから、「〜から」すなわち **from** がついているのです。

　そして、**to** も……。

　だから、この to は〈to ＋ V 原形〉の to ではありません。from *A* to *B*「*A* から *B* まで」、つまり**前置詞の to** なのです。

　to が前置詞ならば、次に必要なのは名詞です。けれど、live に名詞の用法はありません。よって、これは **live**（発音は「**ライヴ**」です）という**形容詞**で、後ろの concerts が名詞なのですね。「ライブの［生の］コンサート」と訳しましょう。

Point53 live

❶ **動　　詞**　「生きる／住む」（**自動詞**）→発音は［lɪv］
❷ **形 容 詞**　「生きている／生の」→発音は［laɪv］

　上記のようにまとめておきましたが、大事なのは live の知識ではありません。「**抽象→具体**」の順序なのです。意識しておきましょうね。

　ちなみに、和訳をしておくと、以下のようになります。

> **訳**　映画からライブコンサートやスポーツイベントまですべて、電話回線やケーブルネットワークを通じて、いつでもどんな家庭でも、すぐに見ることができるだろう。

パラグラフ4

> **1 文め**
>
> Isn't it strange that a major cause of stress in modern life is also sometimes a (3) for it?
>
> 「現代生活におけるストレスの主要な原因が、ときにはそれに対しての
> (3) でもあるというのは奇妙なことではないか?」

▶仮主語構文／仮目的語構文

おなじみの形ではあるのですが、きちんと説明するのは初めてです。まとめておきましょう。

Point54 仮主語構文／仮目的語構文

 it が S や O の位置にあるとき、**後ろの to V や Ving や that S V を指す**ことがある。

> 例　**It** is a pleasure <u>to be</u> here.
> 「ここにいることが喜びです」
> I found **it** difficult <u>to finish</u> the work.
> 「私はその仕事を終わらせるのが難しいと思った」

 通常、指示語は前方にあるものを指します。けれど、it に関してだけは、**後ろの名詞のカタマリを指すことがある**のです。

 今回の it も、パラグラフの先頭ですし、前方を指すとは考えづらいところ。じつは、指すものは後ろの that S V です。

 では、**仮主語構文**を手がかりに、**問4**の空所に答えを埋めてしまいましょう。

 今回の空所は that S V 以下、すなわち「奇妙だ」と言われている部分にあります。ですから、(3) に何かを入れて、「奇妙」な内容にしなくてはいけません。

 もう一度、**訳** を見てみましょう。

> **訳**　現代生活におけるストレスの主要な原因が、ときにはそれに対しての
> (3) でもあるというのは奇妙なことではないか?

選択肢も見てみます。

① answer ② solution ③ problem ④ minor

どれを入れれば「奇妙」になるでしょうか？

わかりますね。**問4**の 正解 は② solution「解決策」です。

「ストレスを生むものが、その解決策にもなる」ならば、一見すると矛盾しているような「奇妙」なことですよね。

ちなみに、この「**ストレスの原因かつ解決策**」であるものは、言うまでもなく、「**インターネットなどをはじめとするハイテクノロジー**」です。

設問解説

問1

「ハイテク社会は [1]」

① 単にストレスになるだけでなく、災害を予防するものにもなる

② ストレスを生むだけではなく、病気を治しもする

③ ストレスを減らし、人々を楽しませる

④ ストレスを生むが、同時にそれを減らしもする

　→パラグラフ1の1〜2文め、あるいはパラグラフ4の1文めで、「**ストレスを生み、同時に減らす**」話が書かれています。 正解 は④。

「ハイテク製品は [2]」

① 受け身の人にのみよい

② すべての人々の創造性を刺激する

③ 人々を楽しませ、創造的になるチャンスをより多く与える

④ 人々に終わりのない喜びと創造性をもたらす

　→パラグラフ2の1文めと4文めに、high-tech products が与えるものが載っています。ですから、 正解 は③です。ちなみに、④も近いように見えますが、endless は1文めのほうにしか書かれておらず、creativity に関する記述である4文めにはつけられていません。よって、④はアウトです。

「ハイテクのおかげで、人々は [3]」

① 図書館では手に入らない情報を手に入れられる

② 情報を手に入れるのにたくさんの時間がかかる

③ 情報を手に入れるのに時間が節約できる

④　他人よりもっと貴重な情報を手に入れられる

　　→情報を手に入れる時間の節約についての話がパラグラフ３の３文めに記述されています。ですから、正解は③です。

「将来、人々は　4　だろう」

①　どこからでもインターネットにアクセスできるようになる

②　インターネットからすべての情報を手に入れられる

③　情報を手に入れるのに、多くの図書館に行く必要はなくなる

④　図書館で研究したり調査したりする必要はなくなる

　　→パラグラフ３の５文めに「**図書館から図書館へ走り回る無駄な時間を、別の有効なことに使える**」との記述があります。よって、正解は③です。

問2　〈cut off ＋名詞〉で「（名詞）を切り離す」。よって、正解は④。

問3　share A with B で「A を B と共有する」。よって、正解は①。

問4　英文解説で触れました。正解は②。

問5　これも英文解説で触れました。正解は①。

問6　electronic の o の音にアクセントがあります。よって、正解は③。

問7　全文を通じて触れられている内容は、**ハイテク社会が「ストレスを生む」**だけではなく、**「ストレスを解消してくれている」**という事実です。よって、正解は③です。

全訳

　多くの人々は、ハイテク社会がストレスを生むと文句を言う。けれども、新たなテクノロジーはストレスを減らすのにも役に立つ。たとえば、大きな自然災害が起きたときは、人々はハイテク手段、たとえば家庭用コンピュータやインターネットを通じて、他者との連絡を保つことができるのだ。1995年1月17日に神戸を襲った阪神大震災の際には、通常の通信手段の多くは破壊された。テレビやラジオの放送も断たれ、しばらくは部分的にしか視聴できなかったのだ。しかし、電話回線は生きていて、人々はコンピュータによって家族や地方自治体と連絡がとれたのである。多くの場合、彼らは自分

の家族が安全であるとわかって安心できた。テクノロジーはこれらの人々に、安心するのに必要な情報を手に入れる手段を提供したのだ。

　それに加えて、ハイテク製品は、多くの人に終わりない私的な楽しみと喜びの時間を与えてくれる。息抜きに小説を書いたり作曲をしたりするのが好きな人々は、コンピュータ上でずっと簡単に作品をつくれるようになった。さらに、彼らが望めば、その作品をコンピュータによってほかの作者とも共有できる。ハイテク製品はまた、創造性を刺激するさらなる多くの機会も与えてくれる。多くの人々は、友達や家族のためにマルチメディアでのプレゼンテーションを作成して楽しんでいる。これらのプレゼンテーションには個人的な写真、映像、個人でデザインしたアートワーク、特別なあいさつを組み入れることができる。より受動的な喜びを楽しむ人々にとっては、ハイテクは娯楽の時間を家庭に持ち込むものだ。映画からライブコンサートやスポーツイベントまですべて、電話回線とケーブルネットワークを通じて、いつでもどんな家庭でもすぐに視聴できるだろう。

　現代の生活のなかで、最も貴重なものの1つは時間だ。そして、時間こそがハイテクが人々に与えることのできるものなのだ。ネット上で買い物をしたり銀行取引をしたりするために家庭用コンピュータを使うことで、そうでなければ個人でやらなくてはならない時間のかかる雑事をなくすことができる。将来、学生たちは、家庭用コンピュータを通じて多くの図書館にあるほとんどすべての情報にアクセスできるようになるだろう。そして、貴重な時間を図書館から図書館へ走り回ることで無駄にせずに、勉強や書き物により効果的に使えるのだ。

　現代の生活でのストレスの主要な原因が、ときにはそれを解消するものでもあるというのは奇妙ではないか？　多くの点で、現代のテクノロジーは我々がストレスを和らげ、より健康的な生活を享受するのに役立つのだ。

🔔重要語句

パラグラフ1

・**emotion**「感情」

・**react to** 〜「〜に反応する」

・**express**「〜を表現する」

　→〈ex-「外に」＋ press「押し出す」〉からくる動詞。名詞形は expression「表現／表情」

・**confront with** 〜「〜と向き合う」

　→〈con-「いっしょ」＋ front「前」〉＝「前をいっしょにする」→「向き合う」

・**hinder**「〜を妨げる」

パラグラフ2

・**origin**「起源」

　→形容詞形は original

・**passion**「情熱」

・**element**「要素」

パラグラフ3

・**facial**「顔の」

パラグラフ4

・**grow up**「成長する」

・**improve**「〜を改善する／〜を向上させる」

・**interest**「興味／利益」

・**degree**「程度」

・**delight**「喜び」

・**ecstatic**「恍惚の」

・**distress**「悩み／つらさ」

・**in seventh heaven**「有頂天で」という意味の慣用句

パラグラフ5

・prefer「〜のほうを好む」

英文解説

パラグラフ1

> 4文め
>
> Babies soon smile, (ア) and (イ) to express how they feel.
>
> 「赤ちゃんは、自分がどう感じているのかを表現するために、すぐにほほ笑み、(ア)、(イ)」

▶ **等位接続詞を活かして問題を解く**

先に**問1**の空所の解答を求めましょう。

カギになるのは and です。皆さんは既に「等位接続詞のルール」で学んでいますね。**and などの等位接続詞は文法的に同じ種類のものを結ぶ**のでした。

図示すると、以下のようになっています。

> Babies soon smile,
> 　　(ア)
> 　　and
> 　　(イ) to express how they feel.

and は3つ以上のものをつなぐときでも「最後の一度」しか出てきませんから（ *A and B and C and D* ではなく、 *A, B, C and D* となります）、注意してください。

そこで、唯一本文に書かれている **smile** の品詞を確かめましょう。

もう大丈夫ですね。これは「**動詞**」です。

もちろん、smile には名詞がありますが、この位置に名詞があっても役割がなくて困ってしまいます。

再び選択肢を見ましょう。動詞は③「笑う」と④「泣く」です。英語に直すと、laugh と cry でしょう。

ちなみに、入れる順番はどちらでも間違いではないのですが、一応は smile と

語感の近いものから入れることとしましょう。

正解 は（　ア　）を③「笑う」→ laugh、（　イ　）を④「泣く」→ cry
とします（逆でも×にはならないですが、危険を冒す必要はありません）。

５文め

　A little later they can express（　ウ　）when confronted with a situation
that makes them feel afraid, and（　エ　）when they are stopped or
hindered from doing something they want to do.

「少しあとになると、彼らは自分を怖がらせる状況と向き合ったときに
（　ウ　）を、また、自分がしたいことを止められたり妨げられたりしたと
きに（　エ　）を表現することができるようになる」

---

a situation that の that は後ろに S を持たないので、「**不完全文**」で**関係代名
詞**。さらに、最後の something they want to do の something と they のあいだ
には**関係代名詞が省略**されています。

▶ **自動詞／他動詞を空所補充問題に生かす**

　❗**重要語句** でチェックをしたように、**express** は〈ex-「**外に**」＋ press「**押
し出す**」〉で「**表現する**」という意味です。当然、「何を」表現するのかが気にな
りますから、これは**他動詞**。つまり目的語が必要です。

　だからこそ、ここには、先ほど使わなかった名詞の選択肢①「怒り」か②
「恐怖」のどちらかが入るのですね。

　まずはじめに、（　ウ　）のほうを決めてしまいましょう。

　カンマの前の afraid「恐れている」という言葉がわかれば解答は簡単。

　②「恐怖」を入れましょう。「恐怖」を英語にすると fear か terror になりま
す。どちらも 正解 です。

　さらに（　エ　）は、「やりたいことを止められたとき」なのですから、正解
は①「怒り」でばっちりです。英語にすると anger になります。

パラグラフ2

1文め前半

Scholars debate （　1　） such emotions have their origin in the brain or from other parts of the body, 〜

「学者たちは、そのような感情は、脳のなかに起源を持つのか、体のほかの部位からくるのか議論している」

　文頭を見てください。一見では、scholars debate で「学者の議論」という1つの名詞に見えますね。しかし、「学者の」とするためには scholars' というように所有格にしないといけません（ちなみに、scholar が単数形であれば、所有格は scholar's、複数形ならば scholars's では s が重なって読めないので、2つを合わせて scholars' と書きます）。

　そこで、この2語はセットなのではなく、S と V、つまり **scholars が S、debate が V** となります。

　すると、空所には debate「〜を議論する」の「〜を」に当たる（つまり O になる）名詞節が必要となります（後ろに such emotions have 〜 という SV があるので、これは節です）。

　第0回その2で見た Point14「名詞節が始まるサイン」を復習しておきましょう。

　問3 （　1　）の選択肢① that、② how、③ whether、④ why はいずれも**名詞節を作ることができます**。更に（まだしっかりとは学んでいませんが）これらの語はいずれも**後ろに「完全な文」を置けます**。名詞節、「完全な文」…つまり文法的な判断ではこの4つから解答を絞り込むことができません。

　そういう場合は、**内容に注目するしかありません**。本文をよく見ると、（　1　）の後には or を挟み、逆の内容が書かれています。「脳から」か「脳以外の部位から」か。二者択一です。

　このような二者択一の形を作れる語はこのなかで whether だけ。　正解 は③ **whether** となります。

　まとめておきましょう。

Point55 whether 節内の or の位置

whether はその意味のために、後ろに or をともなって「**二者択一**」の形をつくりやすい。また、**or not に関しては whether の直後にも置ける**

例　I don't know **whether** she's still in Japan <u>or not</u>.

I don't know **whether** <u>or not</u> she's still in Japan.

「私は彼女がまだ日本にいるのかどうか知らない」

パラグラフ3

1文め

Our inner feelings are communicated to others most clearly by our facial expressions.

「我々の内面の感情が最も明確に他者に伝えられるのは、顔の表情によってだ」

▶ by のついている受動態

たとえば、次の文を見てください。

例　Tom broke the window.

The window was broken by Tom.

上の文を「**能動態**」と呼び、下の be Vp.p. をともなう形を「**受動態**」と呼ぶことは知っているでしょう。

皆さんの多くは、この「**受動態**」を単に「『**れる**』『**られる**』の意味がつくんでしょう？」としか考えていなかったりします。けれど、それはもったいない！

よく考えてみてください。

訳　トムがその窓を割った。

その窓はトムによって割られた。

考えてみれば、言っていることは同じです。

そうであれば、簡潔に Tom broke the window. という文だけあればかまわないはず。なぜ、be Vp.p. などという面倒な形を使った受動態の文が存在するので

しょう？

そう。「力点が置かれる場所が変わる」のでした。

次のルールを覚えておいてください。

Point56 「大事な情報」の位置

英語では、「**大事な情報**」や「**新情報**」は、**文末に近いほうに置かれる**

Point57 by のついている受動態

〈by ＋名詞〉の名詞が「大事な情報」になる

日本語でも、「オチ」には大事な話がきますよね。だから、「トムが割ったんだ、窓を」と言うのと、「ほら、窓が割れてるだろ？　あれトムがやったんだ」と言うのではだいぶ語感が違うはずです。

はじめの言い方だと、力点は「**窓を**」。

あとの言い方だと、力点は「**トムが**」にあるように聞こえます。

英語も同じ。いや、日本語よりも語順のルールが厳しいだけに、「力点」のルールもずっと厳しいのです。

受動態の文を読む際に、単に「〜れる」「〜られる」と意味が変わることだけを考えるのではなく、「**この文を書いた筆者は、なぜここを受動態にしたのか？**」というところまで思考を巡らせることができるとよいですね。

もう一度、本文に戻りましょう。

Our inner feelings are communicated <to others>
　　　　S　　　　　　　　V
<most clearly> <by our facial expressions>.

---

by ＋名詞のある受動態の文になっています。

本文全体の内容に注目すると、パラグラフ1では単に「赤ちゃんが感情を表す」としか書かれていませんでした。

だからこそ、パラグラフ3で「我々（赤ちゃんと同じ人間です）の内なる感情が相手に伝わるのは、『**顔に現れる表情によって！！**』なのだ」と新しい話を出しているのです。

今後も by ＋名詞つきの受動態が出てきたときには、その by ＋名詞に注意を向けましょう。

パラグラフ 4

1 文め

(b)As we grow up we must learn to control our emotions, for while some degree of emotion, such as fear of failing a test will make us study harder and improve our performance, too much emotion, such as great anger, can harm our interests.

「成長するにつれて、我々は自分の感情を制御できるようにならなくてはいけない。なぜなら、ある程度の感情、たとえばテストで失敗することについての恐怖は我々をさらに一生懸命勉強させ、成績を向上させる一方で、強すぎる感情、たとえば激怒は我々の利益を害しうるからだ」

▶ learn to V

まずは下線部（b）から確認してしまいましょう。**learn to** V に注目です。

もちろん、直訳で「V **することを学ぶ**」でよいケースもあります。ただ、同時に「V **できるようになる**」という意味を含んでます。

ですから、**learn to** V を見たときには極力「V **できるようになる**」という訳を頭に浮かべるようにしましょう。

「？？？　別にどっちでもいいじゃん！　『英語を話すことを学んだ』と言っても、『英語を話せるようになった』と言ってもほとんど意味は変わらないでしょう？」

そう思うかもしれませんね。

ただし、以下のような場合はどうでしょうか？

> 例題　英訳しなさい。
>
> 彼は英会話を学んだが、英語をまったく話せなかった。
>
> 誤答　× *He learned to speak English, but he couldn't speak at all.*

これは間違い！

先ほど言ったように、**learn to** V は「（学んで）V できるようになる」ことを表します。誤答 では、「彼は英語を話せるようになったが、まったく話せなかった？？？」という意味になってしまうのです。危ないですね。

ちなみに、このようなケースであれば、learn to V をやめて、次のような形にしましょう。

> 正解　He tried to master English conversation, but he couldn't
> speak at all.

▶ 等位接続詞の for

for while という形を見て違和感を覚えた人も多いでしょう。

なにせ、for は通常前置詞ですから、後ろには名詞がくるはずですもんね。しかし、後ろには while という接続詞……。これはどういうことでしょうか？

まずは、以下の for を覚えておいてください。

> **Point58 等位接続詞の for**
>
> ・意　　味　　**「理由」を表す**
> ・形　　❶　S V, for S V.
>
> > 例　　He's still in bed, for he is ill.
> > 「彼はまだベッドにいる。具合が悪い<u>からだ</u>」
>
> 　　　　❷　S V. For S V.

名前は「**等位接続詞**」ですが、and や but などとはまったく使い方が違います。つなげるものは、あくまで「S V と S V」。そして、意味は「**理由**」です。

> ～, we must learn to control our emotions,
> 　S　　　　　　V　　　　　　　O
>
> for
>
> <while some degree of emotion, ～ will make us study harder
> 　　　副詞節　　　　　　　　　　　　　and
> 　　　　　　　　　　　　　　　　　　improve our performance>,
>
> 　too much emotion, ～ , can harm our interests.
> 　　　S　　　　　　　　V　　　　O

ちなみに、パラグラフ 5 の 1 文めにある for もこの等位接続詞の for です。

設問解説

問1　英文解説で解いてしまいました。そちらを確認してください。

問2

(a)

パラグラフ2

> **2文め前半**
>
> (a)It's hard to imagine a person who felt no emotions, 〜

「**仮主語構文**」です。to 以下を it に入れて、次のように和訳をしましょう。

> 正解　何の感情も感じない人を想像することは難しい。

　(b)　英文解説を参照してください。

問3

（　1　）英文解説を参照してください。

（　2　）

パラグラフ2

> **2文め後半**
>
> 〜 and certainly（　2　）of us would want to go through life feeling no emotions.
>
> 「何の感情も感じないで、人生を過ごしたいと思う人は間違いなく（　2　）」

　先ほど見た、**問2**(a)の続きです。当然、「ほとんどいない」のですね。正解
は① **few** となります。

（　3　）

パラグラフ4

3文め

For delight a person can say he is (　3　) / happy / delighted / thrilled / ecstatic.

「喜びについては、人は自分が（　3　）、幸せだ、うれしい、わくわくしている、恍惚だと言える」

並列を見れば答えは簡単ですね。④　pleased「喜んでいる」が入ります。

（　4　）

パラグラフ4

4文め

For distress he can say he is displeased / (　4　) / disgusted / angry / mad / furious.

「つらさについては、人は自分が不愉快だ、（　4　）、うんざりだ、怒っている、かんかんだ、怒り狂っていると言える」

答えは③　annoyed「**いらいらしている**」を選びます。ちなみに④　dull は、人について言うときには「頭の働きが鈍い」ことを意味するので、ここで選んではいけません。気をつけて！

（　5　）

get along で「**うまくやっていく**」。②　along が 正解 です。

（　6　）

手前に Japan があり、後ろは**完全文**。よって、④　where が 正解 です。

問4

① 「話し言葉は我々がおたがいにコミュニケーションをとる唯一の方法だ」
→パラグラフ1の4文めなどで、赤ん坊が「笑顔」などでコミュニケーションをとるとの旨が載っています。よって×。

② 「我々は顔の表情を使うことによって内面の感情を表現できる」

→パラグラフ３の１文めの内容に一致します。よって○。

③ 「人々が感情を表現する方法は、文化によってときに異なる」

→パラグラフ５の１文めの内容に一致します。よって○。

④ 「隠喩（いんゆ）を使うことは、我々が感情を表現する１つの方法だ」

→パラグラフ４の５文めの内容に一致します。よって○。「one way」を「１つだけの方法」と読むと間違えてしまいます。only がついていたり、the で特定化されているわけではないので、今回は「（たくさんのなかの）１つの方法」と読みましょう。

⑤ 「すべての人間が感情は脳から起こることに同意している」

→パラグラフ２の１文めとくい違います（**問３**の（　１　）で **whether** を入れましたね）。よって×。

全訳

　感情は人間の精神の強い感覚だ。我々は人生や自分たちに起こることに反応し、これらの反応は人間の感情として表現される。この過程は人生の早い段階で始まる。赤ん坊はすぐに笑顔を浮かべ、笑い、泣くことで、自分がどのように感じているのかを表現する。少しあとに、彼らは自分を怖がらせる状況と出会ったときには恐怖を表現し、やりたいことを止められたり妨げられたりしたときには怒りを表現できるようになる。

　学者たちは、そのような感情が脳に由来するのか、体のほかの部分に由来するのかについて議論しているが、我々は全員アレクサンダー・ポープに賛成するだろう。彼は、「情熱は人生の要素だ」と書いているのだ。(a)感情を感じない人間を想像することは難しい。また間違いなく我々のほとんどだれもが、何の感情も感じずに人生を過ごしたいとは思っていないだろう。

　我々の内なる感情は、顔の表情によって最も明確に他人に伝えられる。実際、我々が自分の感情を伝え、他人の感情を理解できるようになるのは、話し言葉と同じように顔の表情を使うことによってであると言う科学者もいる。

　(b)成長するにつれて、我々は自分の感情を制御できるようにならなくてはいけない。なぜなら、ある程度の感情、たとえばテストで失敗するかもしれないという恐怖は、我々をさらに懸命に勉強させ、成績を向上させるだろうが、一方で強すぎる感情、たとえば激怒などは我々の利益を害しうるからだ。感情の程度は言葉で表現できる。喜びについては、人は自分が喜んでいる、幸せである、うれしい、わくわくしている、恍惚だと言える。つらさについては、不愉快だ、いらいらしている、うんざりだ、怒っている、かんかんだ、怒り狂っていると言える。我々はまた、どう感じているかについて隠喩を

使ったフレーズもつくれる。幸せについては「on top of the world」「in seventh heaven」（有頂天で）、不幸については「in low spirits」「down in the mouth」（意気消沈して）などだ。

　異なった文化に行くとき、人は感情を表現する新たな言語を学ばなくてはいけない。なぜなら、「せっかちな」タイプの人は日本ではうまくやっていくのが大変であるかもしれないからだ。そこでは、感情の表現はより繊細な方法でなされることが好まれるのだ。

第 **8** 回　イーグルとアメリカ

問題 ➡ p.022

❗重要語句

パラグラフ1

・**independence**「独立」

　→〈in-「否定」+ dependence「依存」〉

・**courage**「勇気」

・**all over ～**「～全体で」

　→ all over the world「世界中で」

パラグラフ2

・**disappear**「消滅する」

・**entire**「～全体の」

・**decrease**「減少する」

・**pollution**「公害／汚染」

・**insect**「昆虫」

・**destroy**「～を破壊する」

・**crop**「作物」

・**thin**「薄い」

パラグラフ3

・**protect**「～を守る／～を保護する」

・**remain**「～のままである」

英文解説

パラグラフ1

> **1文め**
>
> In 1782, soon after the United States won its independence, the bald eagle was chosen as the national bird of the new country.
>
> 「1782年、アメリカが独立を勝ちとったすぐあとに、ハクトウワシはその新しい国の国鳥に選ばれた」

▶ win

日本語でも「ウィン」という言葉は定着しています。たとえば、「win-win」や「winner」という語など。それらを聞くと、単に「勝つ」という意味しか浮かばないかもしれません。

ただ、本家本元の **win** は、ただ単に「勝つ」という意味だけで覚えておくとひどい目に遭います。

次のことを覚えておいてください。

Point59 win の語法

win が目的語にとれるものは次の2つ

❶ **試合／競技**

　例　He **won** the battle.

　　　「彼はその試合に勝った」

❷ **手に入れたもの／賞など**

　例　He **won** $1,000 from me at cards.

　　　「彼は私からトランプで1000ドル取った」

　＊「人」を目的語にとれないので注意！

本文の場合、目的語は its independence。つまり、独立戦争に勝って、イギリスからの独立を「勝ちとった」、「手に入れた」のです。単に、「勝つ」という和訳だけを覚えておくと足下をすくわれます。気をつけましょう。

3文め

The reason for the bird's decreasing population was pollution, especially pollution of the rivers by (a)pesticides.

「その鳥の数が減った理由は公害である。とりわけ、pesticides による川の汚染である」

4文め

Pesticides are chemicals used to kill insects and other animals that attack and destroy crops.

「pesticides は、作物に危害を加えてだめにしてしまう昆虫やそのほかの動物を殺すために使われる化学物質である」

まずは3文めから。

▶ especially

これを specially と混同している人がけっこういますが、それは大きなマチガイです！

specially は「特別に」。だから、「**普通以上のこと**」を言います。

それに対して、**especially** は以下のように使うものです。

Point60 especially の使い方

前にある（相対的に）**抽象的な単語の典型的な具体例**を示すための言葉

例 I like fruits very much, especially ones from tropical areas.
「私はフルーツがとても好きだ。とりわけ南国のものが」

今回の文では、especially の手前に pollution「公害」という「抽象的な語」があります。

そして、そのあとに「たとえばどんな公害なのか」ということで、具体的な説明、つまり「pesticides による川の汚染」という話がついているわけです。

ただ、もちろん、この段階では **pesticides** という語の意味がわからないかもしれませんが……。

▶知らない単語に下線が引かれていたら……

というわけで、pesticide(s) の意味について考えてみましょう。

Point61 知らない単語の推測法

❶ 単語の**接頭辞／接尾辞**に注目

❷ 周りから**言い換え**を探す

要するに、❶はその単語のみを見て内側から斬る、❷はその単語の外側（つまり周辺）に同じ意味の語が使われているか探す、ということです。

もちろん、これにはちゃんとした理由があります。

まず❶。英語では、**共通の接頭辞（単語の頭につくもの）、接尾辞（単語の語尾につくもの）が多い**のです。

近年、語源から単語の意味を探る単語集が増えていますが、これにはこの**接頭辞／接尾辞**がかかわっているのです。

そして、❷。英語では、**同じ単語を何度も何度も繰り返し使うことをきらう**習慣があります。なかでも、**名詞**はそう。

だからこそ、同じことを言いたいときにも、**別の似た意味の単語で言い換える**ケースが多いのです。

また、あまりに難しい単語を使ってしまったときには、**その単語を定義し直す**こともあります。

じつは今回はまさにそのケース。

もう気がつきましたね。4 文めを見てみましょう。

are と used という「V っぽい語」が 2 つあります。けれど、もう皆さんは「どちらも V ！」とは考えないはず。これまでに学んできたとおり、こういうケースは 1 つが「Vp.p.」。今回、are はどう見ても現在形ですから、used のほうが「Vp.p.」で、これが手前の chemicals にかかっています。

そこまで読めれば、文法的な説明はもういらないでしょう。

さらによく見ると、なんと S は **pesticides** です。

そのあとに、「＝」を示す are。

そう。**are の後ろに、pesticides の定義が書かれている**のです。

図示すると、こんな感じです。

Pesticides

= chemicals used to kill insects and other animals that attack and
  destroy crops

訳「pesticides＝作物に危害を加えてだめにしてしまう昆虫やそのほかの
　　動物を殺すために使われる化学物質」

そこで、**問 2** の選択肢を見てみましょう。

① 殺虫剤　　② 防虫剤　　③ 保存料
④ 合成着色料　　⑤ 防腐剤

もちろん、正解 は① 殺虫剤です。

ちなみに、先ほどの Point61 には、「知らない単語の推測法」がもう１つ載っ
ていました。「❶ 単語の**接頭辞／接尾辞**に注目！」です。

じつは、pesticide の「-cide」は、ある意味を持つ「**接尾辞**」です。

あまりよい意味ではないのですが、「殺す」という意味です。**suicide**「自殺」
という語が有名でしょう。

よい意味ではなくても、英文に出てくるケースは多々ありますから、ついでに
覚えておいてくださいね。

さらには、**問 3** の問題の 正解 も出てしまいます。

「bald eagles の数的変化の原因」でした。これが殺虫剤による水質汚染である
ことは今読んだとおり。

問 3 の 正解 は② 水質汚染となります。

7 文め

Eagles eat these fish and then the eggs eagles lay are not healthy.

「ワシはこれらの魚を食べ、そのあとワシが産む卵は健康的ではないのだ」

▶ and then

　もちろん and だけでも文をつなぐ働きがあります。ただ、and then というように then をともなうと、**「時間の経過」や「場面の移り変わり」のニュアンスが加わります**。日本語にすると、「そして」とか「その後」などの意味が近いです。

▶ lay an egg

　今回の英文では the eggs と eagles のあいだに**関係代名詞が省略されている**のですが、ちょっと気づきにくいかもしれませんね。

　しかし、じつはこの英文を読むと、ある「決まり文句」が頭に浮かぶので、すっきりとわかってしまったりするのです。

　それが **lay an egg**「卵を産む」という「決まり文句」です。

「えー、lay って『横にする』っていう意味じゃないの？」と思っていると、ついつい「卵を横にする」と読んでしまうかもしれません（そもそも「卵を縦にする」ことは至難の業ですが）。

　でも、この **lay an egg** は決まり文句。

　ここで、そのような決まり文句を並べておきますので、参考にしてください。

Point62 V と O の「決まり文句」

- lay an egg 「卵を産む」
- shed tears 「涙を流す」
- run [take] a risk 「危険を冒す」
- catch a cold 「風邪を引く」
- commit suicide 「自殺をする」
- take pains 「苦労する」
- clear one's throat 「せき払いをする」
- kill time 「時間をつぶす」
- hold one's breath 「息を殺す」
- hold one's tongue 「黙り込む」
- see a doctor 「医者に診てもらう」
- lose face 「面目を失う」

パラグラフ3

3文め

It now appears that the American national bird will survive, and remain a symbol of strength and courage.

「アメリカの国鳥は生き残り、強さと勇気の象徴であり続けるように、今では思える」

▶ it appears that S V

これは、**it seems that** S V とほとんど同じ意味。「S が V するようだ」という判断を表す表現です。

appear だからといって、「姿を現す」という意味ではないので注意！

設問解説

問1 これはやさしいですね。パラグラフ1の内容から③が 正解 です。

問2、問3 英文解説 を参照してください。

問4

① 「アメリカは1782年以前に独立を勝ちとった」

→パラグラフ１の１文めに、"In 1782" が「アメリカが独立を勝ちとったすぐあと」とあるので、独立したのは1782年の「前」。だから○。

② 「アメリカの指導者たちはワシを自分たちの国の象徴にしたかった」

→パラグラフ１の２文めに一致です。○。

③ 「1972年には、ほんの3000羽のハクトウワシしか存在しなかった」

→パラグラフ２の２文めに一致です。○。

④ 「殺虫剤は川を汚染し、ワシは卵を産まなくなる」

→パラグラフ２の７文めで、「卵が健康的ではない」との記述があります。つまり、卵を産みはするのです。よって、×。これが 正解 となります。

⑤ 「今日、アメリカ政府とアメリカの人々は、ハクトウワシを保護しようとしている」

→パラグラフ３の１文めに一致です。○。

全訳

　1782年、アメリカが独立を勝ちとったすぐあとで、ハクトウワシが新しい国の国鳥に選ばれた。アメリカの指導者たちはそのワシに国の象徴になってほしいと思った。なぜなら、それは強さと勇気の鳥だからだ。彼らがハクトウワシを選んだのは、北米中で見られ、また北米にしかいない鳥だったからだ。

　今日、200年ちょっと過ぎて、ハクトウワシはほとんど国から消えかけている。1972年には、ハクトウワシは合衆国全体でほんの3000羽しか存在していなかったのだ。その鳥の数が減った理由は公害だ。とりわけ殺虫剤による川の汚染である。殺虫剤は作物に危害を加えてだめにする昆虫やそのほかの動物を殺すために使われる化学物質だ。不幸なことに、雨は殺虫剤を川へと洗い流すことが多い。殺虫剤は川を汚染し、魚に毒を与える。ワシはこれらの魚を食べ、そのあとワシが産む卵は健康的でないものとなる。卵はとても薄い殻しか持たず、孵化しない。ワシは１年に２、３回しか卵を産まない。多くの卵が孵化せず、ワシに育たなかったので、ワシの数はすぐに減少したのだ。

　今日、アメリカ政府とアメリカ人たちはハクトウワシを保護しようとしている。ハク

トウワシの数は徐々に増えているのだ。今では、アメリカの国鳥は生き残り、強さと勇気の象徴であり続けるように思える。

❗重要語句

パラグラフ1

・**have 〜 in common**「〜を共通して持つ」

・**conversation**「会話」

・**impolite**「無礼な」

　→ polite「礼儀正しい」の反意語

パラグラフ4

・**relationship**「関係」

　→ relate「かかわる」という動詞も覚えること

・**frightening**「恐ろしい」

英文解説

パラグラフ1

---

1 文め

(1)What is a personal question in one country may not be in another.

「ある国では個人的な質問であることが、ほかの国ではそうではないかもしれない」

文頭は what。ただ、最後に「？」がついていないので疑問文ではありません。そこで思い出してください。**what は名詞節を作るサイン**でもあったことを。

この英文を構文解析すると、次のような形になっています。

[What is a personal question in one country] may not be in another.
　　　　　　　　　　S　　　　　　　　　　　　　　　　V

ということで、あらためて what について特徴をまとめておきましょう。

Point63 名詞節を作る what

- **特　徴**　後ろが「**名詞が１つ欠けている文**」になる
- **意　味**　他の wh- / how などとは異なり、**意味が２つある**
　　　　❶　疑問「何〜か」
　　　　❷　「〜するもの、こと、人」
- 例　She is no longer what she used to be.
　　　「彼女は今ではもう昔の彼女ではない」

▶英語における省略

　この英文を見ると、１つ謎が浮かびます。**「may not be in another って何だろう？」** ということです。このまま 訳 を考えると、「ある（１つの）国で個人的な質問は別のもう１つではないかもしれない」となり、意味が通りません。

　そもそも**この文の be 動詞には C がありません**。C がないときの be 動詞は「〜にある」という意味でしたが、（may not be と合わせて）「もう１つにはないかもしれない」ではなおのことよくわかりません。

　そこで次のルールを覚えておきましょう。

Point64 英語における省略

　内容面から省略が起きるとき、その目的は「**繰り返しを避けるため**」
→省略を補うときには、省略されているものを「**前方から**」「**文法的に同じ箇所**」を優先的に探す

　そういえば、文全体の S になっている what 節のなかには C がありましたね。a personal question です。C が足りない…、ならば、これを may be の後に補いましょう。

[What is a personal question in one country] may not be a personal question
　　　　　　　　　S　　　　　　　　　　　　　　V　　　　　　C
in another.

訳　ある（１つの）国で個人的な質問であることが、another では個人的な質問ではないかもしれない。

だんだん意味が通ってきましたね。あと少し！

another の後にも何かが隠れているのです。そう。country ですね。つまり 訳 は次の形になります。

> 訳 ある（１つの）国で個人的な質問であることが、別の（もう１つの）国では個人的な質問ではないかもしれない。

ようやく意味が通る文になりました。

これが**問8(1)** の 正解 になります。

> 3文め
>
> (a)Such questions are not considered by Americans to be too personal.
> 「そのような質問は、アメリカ人には個人的すぎるように思われることはないのである」

▶ 受動態を文法的に解析する

「受動態の by 以下が大事な情報になる」ことは、**第7回 Point57** で学びました。しかし、学んだのは内容面だけ。文法面での詳細な解析はしていません。

せっかくですから、ちょっと簡単な文で説明をしておきましょう（余談ですが、文法は簡単な文でも難解な文でも成り立つので、まずは簡単な文から考えると理解しやすいです）。

> 例 能動態：Tom broke the windows.
> 　　　　　 S 　 V 　　　 O
> 　　 受動態：The windows were broken <by Tom>.
> 　　　　　　　 S 　　　　 V

能動態と受動態の文を比較しましょう。内容的には、受動態の文では、by Tom の部分が「大事な情報」になっていることはわかるでしょう。

では文法的に見るとどうなるか。一見してわかることが２つあるはずです。①**the windows が O から S に変わっている**、②**O の数が１つ減っている**。

まあ当たり前と言えば当たり前ですよね。日本語で考えても、「トムが窓を割っ

た」を受身の文にすれば、「窓がトムによって割られた」となるわけですから。

　ところが、この当たり前のことを、英語になった途端に忘れてしまう人がいるのです。次の文を見てください。

---

*I was stolen my bicycle yesterday.
「私は昨日自転車を盗まれた」

　上記の文は誤文です。「え？　私は (S) 自転車を (O) 盗まれた (V) で何が悪いの？」と思う人は、先ほどのルールを忘れてしまっていますね。

能動態の O は受動態にすると S になるのでした。

　ということは、この文を能動態にすると、I was stolen... →〜 stole me、つまり「私を盗む」になってしまいます。それはまずい！

　ですからこの文は、

My bicycle was stolen yesterday.

とするか、「被害」を表す have の SVOC の形を用いて、

I had my bicycle stolen yesterday.
S V　　　O　　　　C

とするのが正しくなります。

　それでは本文に戻ります。

Such questions are not considered by Americans to be too personal.

---

are 〜 considered という受動態の形になっています。これを能動態に直しましょう。

　受動態の S = 能動態の O です。更に、by Americans があるので、Americans を S にします。

Americans **do not consider** such questions to be too personal.
　　　　S　　　　　　　V　　　　　　　　　O　　　　　　　　　　　C
📖 アメリカ人はそのような質問を個人的すぎるとは思わないのだ。

　これが**問1**の 正解 となります。

受動態も全てまとめてルール化しておきましょう。

Point65 受動態のルール

❶ 能動態の O ＝受動態の S

❷ 能動態と比較すると、受動態では O の数が 1 つ少なくなる

❸ by ＋名詞のある受動態では、その**名詞は大事な情報**になる

パラグラフ3

2文め

　In such places, it may take a very long time before a visitor is asked questions about personal subjects 〜 .

「そのような場所では、訪問者が個人的な話題についての質問をされるまでには、とても長い時間がかかるかもしれない」

3文め

　But because things move much faster in the United States, Americans do not have the time for (d)formalities.

「しかし、アメリカでは物事がずっと速く進展するので、アメリカ人たちは formalities のための時間を持たない」

▶時刻の it

　2文めにある S の it は、特に何も指すものを持っていません。

it を整理しておくと、以下のように分けられます。

Point66 it の用法

❶ 何かを指すもの

　→**前方を指すものと後方を指すもの**のどちらもあり、**後方は名詞のカタマリを指す**

❷ 何も指さないもの

　→**強調構文〔分裂文〕、時刻や天候の it**

では、formalities の意味を求めてしまいましょう。**問4**の問題です。

第8回で確認したように、単語がわからないときには、「内側」からと「外側」

から、両側から攻めることが大事でした。

今回の場合、「内側」から考えると、**formal**という語があるのがわかります。formalのもとの語はformですから、「形」。つまり、**「型どおりの」**という意味です。

しかし！　選択肢を見てみると、すべて「型どおりの」という言葉がついています。これでは何のヒントにもなりません。

では「外側」から決めるしかないですね。

今回は「アメリカ」と「アメリカ以外の国」をずっと対比していました。3文めのbutを境にして、手前が「アメリカ以外」、but以降が「アメリカ」です。

比較をするときには、**「同じ種類のもの」**しか比べられませんから、but以前の内容と**「同じ種類のもの」**を解答として選べばよいのです。

では、「アメリカ以外の国」はどうだったか？　personalなことを聞くまでに長い時間がかかったのでした。これは「正装」、「あいさつ」、「質問」、「手順」のどれにあたるのでしょうか？

聞くまでに時間がかかるから「あいさつ」？　でも「あいさつの仕方」についての言及はありません。

では、askがついているから「質問」？　もしかすると、おたがいどちらも「質問」をせずに、単なる世間話をしているだけかもしれません（「暑いですねえ」「そうですねえ」「いやですねえ」「たしかにいやですねえ」などという会話には質問はありません）。

ただ1つわかることは、personalなことを聞くまでには「長い時間」がかかる、ということだけ。

つまり、**「時間をかけてpersonalなことを聞く」**という**順序**が書かれているのです。

よって、**問4**の 正解 は④　型どおりの手順です。

じつは**formalities**には、そのまんま「型どおりの手順」という意味があるのですが、覚えるよりも「外側のこと」をヒントに解くようにしてくださいね。

パラグラフ4

▶ 同意表現を探す問題

(e)と(f)の下線がついています。ここで**問5・問6**を一気に解いてしまいましょう。

まずは(e)です。rude と同じ意味のものを探さなくてはいけません。

そのためには、rude の意味を知らないと……とはなりません。英語は形の繰り返しが多い。でも、**同じ単語を何度も使わずに、似たような意味の単語に言い換えられる**……。これが原則でした。

とすると、ある形に気づきますね。

そう。下線部(e)のある1文めは personal and rude。次の2文めには personal and impolite。この組み合わせがあるのです。

同じ personal という語と並列されるのですから、意味だって似ているに決まっています。ですから、rude の同意語は **impolite**「無礼な」となるのです。これが**問5**の 正解 です。非常に簡単ですね。

「同じ意味の語を探す」問題は、多くの私立大学で出題されます。

その際に、文頭から読み直しながら「えーと、これと同じ意味は……」と考えるのは愚の骨頂、時間の無駄です。

「同じ形の場所を探す」。これが速く正確に解く秘訣なのです。

▶ 分詞構文の意味

Point48 で学んだように、分詞構文には6つの意味がありました。❶時、❷

理由、❸条件、❹譲歩、❺付帯状況、❻継起です。

今回の分詞構文の位置は文末ではないので、❺、❻は考えづらいですね。

ということで、**問6**の選択肢を見ましょう。注目すべきは先頭の接続詞です。

① because　② if　③ though　④ till

このなかでは、①の **because** が**理由**、③の **though** が**譲歩**にあたります。

しかし、**今回は「譲歩（〜だけれど）」では意味が通りません**。よって、**問6**は① **because** を 正解 とします。

パラグラフ5

3文め

Or, (3)you can change the subject of the conversation to something that is less personal.

「もしくは、あなたは会話の話題をより個人的でない何かに変えてもよい」

▶ **左から右に読みながら、前置詞句をかける**

これも何度か出てきている話です。英語は「**わかりづらいこと**」をあとから「**具体的にわかりやすく**」話していく言葉でした。

今回は **change**「変える」という言葉があります。当然、この語は「**何に**」変えるかという変化の結果が必要となります。

ありがたいことに、今回は to something があるではないですか！

つまり、**change the subject 〜 to something**「その話題を何かに変える」というセットになっているのですね。

一見したところでは見づらいので気をつけましょう。あくまで、「**わかりづらいこと→わかりやすく**」の順です！

そして、この 訳 が**問8**(3)の 正解 になります。

設問解説

問1 英文解説 を参照してください。

問2

パラグラフ2

> **1 文め**
>
> (b)This is the way that Americans themselves get to know one another.

「同じ意味」にするためには、this の内容と way の内容が足りません。

だから、 正解 は **this way** です。簡単すぎ！

問3

これはさすがに〈**be acquainted with** + **名詞**〉の意味を知らないとキビシイでしょう。「～と知り合いである」という意味です。本文の場合は、be の代わりに become が使われていますので、意味は **知り合いになる**。

これと同じような表現が、パラグラフ2の1文めとパラグラフ3の4文めに出ています。そう。**get to know** です。これを 正解 とします。

問4・問5・問6　英文解説を参照してください。

問7

include の反意語です。**include** は「～を含む」の意味で、〈in-「なかに」 + clude「閉じる」〉からきています。逆は **exclude**「～を排除する」。ex- が「外に」という意味です。これが 正解 。

問8

(1)と(3)は 英文解説を参照してください。

(**2**)

パラグラフ1

> **4 文め**
>
> (2)They often ask such questions to learn what they may have in common with you or to begin a conversation.

ask がＳＶＯＣのＣの位置に to Ｖ をとれるために、今回もＳＶＯＣの文と考えてしまった人がいるかもしれません。知識自体は間違ってはいないです。

しかし、ＳＶＯＣのＯとＣのあいだには「**主述関係**」が必要。ところが、

such questions と learn のあいだにはそれがありません（「そのような質問が学ぶ」？？？）。

　ですから、今回は副詞的に訳して「学ぶ［知る］ために」としましょう。

> 正解　彼らはあなたと共通して持っているものを知ったり会話を始めたり
> するために、そのような質問を頻繁にするのだ。

問9

① 「転石苔むさず（職をよく変える人は成功しない）」

② 「習慣は第二の天性」

③ 「必要の前に法律は無力（背に腹はかえられない）」

④ 「所変われば品変わる（たくさんの国があれば、たくさんの習慣がある）」

⑤ 「郷に入れば郷に従え」

　⑤がひっかけ。パラグラフ5で筆者は、「無理にいやな質問に答えなくてよい」と言っています。ですから、**「アメリカ人の思いどおりのこと」**をする必要はないわけです。

　ですから、正解は**「みんなバラバラでよい」**ということ。つまり、④となります。

全訳

　(1)ある国では個人的な質問であることが、ほかの国ではそうではないかもしれない。たとえば、アメリカ人たちは、「どこで働いているのですか」、「子どもは何人いますか」、「家はどのくらい大きいですか」、「もう休暇は取りましたか」などと尋ねるかもしれない。そのような質問は、アメリカ人にとっては個人的すぎるものではないのである。(2)彼らはあなたと共通して持っているものを知ったり会話を始めたりするために、そのような質問を頻繁にするのだ。そのような質問は、親しくなることが意図されたものであることを理解してほしい。質問する側はあなたに興味を持っているのだ。無礼であるつもりはないのだ。

　これがアメリカ人自身がおたがいを知るやり方なのである。アメリカ人は国内である場所からある場所へ頻繁に引っ越すので、このタイプの質問はその年に出会う多くの新しい人々と知り合いになる普通の方法になったのだ。

人々が１つの町や都市で人生のほとんどを過ごす国では、社会慣習はまったく異なる。そのような場所では、訪問者が家族、仕事、家庭のような個人的な話題について質問をされるまでにはとても長い時間がかかるかもしれない。しかし、アメリカでは物事がずっと速く進むので、型どおりの手順をとる時間をアメリカ人は持たない。彼らは今日あなたを知らなくてはならない。なぜなら、近いうちに国中はるか遠くまで引っ越すかもしれないからだ。

　より長い期間でよりゆっくりと社会的人間関係が発達する国から来た訪問者にとっては、アメリカの方法はとても恐ろしく、個人的すぎて、無礼に思えるかもしれない。しかし、アメリカのなかでさえ、個人的すぎて、それゆえあまりに無礼であると考えられて避けられる話題はある。これらの話題には、年齢、どのくらいの資産があるか、洋服やほかの持ち物はいくらか、宗教、私生活などが含まれる。

　もし、あなたが個人的すぎるように感じる質問をされたら、答える必要はない。単に「わからないですよ」とか「私の国では、その質問は変です」などと言えばよい。もしくは、(3)会話の話題をもっと個人的ではないことに変えてもよい。

第10回 貴重な時間の使い方

⚠️重要語句

- **energetic**「エネルギッシュな」
- **night owl**「夜ふかしの人」
- **catch up**「追いつく」
- **priority**「優先順位（が高いもの）」
- **rather than**「〜よりむしろ」
- **passionate**「情熱的な」
- **set aside**「〜を取っておく／〜をわきに置く」
- **ultimate**「究極的な」

英文解説

下線部

> **1文め前半**
>
> You can use that hour or two for anything you want ——

今回は下線部和訳問題ですので、解説は下線部に絞ります。

▶ that の識別

この英文中の that の品詞は何でしょうか？　すでに （p.096）で学んだ項目ですが、考えると意外と難しい文です。

今回は use の直後に that があります。use の O に that 節…、つまり解答は接続詞…とは思わないように！　use の O として that 節を置くことはできません。

またまた復習です。that 節の意味は何でしたか？　 Point14（p.055）を確認しましょう。

これらを頭に入れると、that 節を O にできる V はかなり限られることがわかります。あらためてルール化しておきましょう。

Point67 O に that 節を置ける V

次のいずれかの意味を持っている

①考える

②認識する、感じる

③伝える

今回は use の直後に that があるのでした。ということは、少なくともこの**that は接続詞ではない**ことがわかります。だって、use にはどう考えても**①**「考える」**②**「認識する」**③**「伝達する」のどの意味もありませんからね。

更に、that が関係代名詞になることもあり得ません。前に修飾できる名詞がないですから。

よって、この that は指示語であることがわかります。

that hour で「その時間」。or two があるので、「その時間、もしくは 2 」、two のあとには hours が省略されていると考えるのが最も良いでしょう。ですので、**訳は「その 1 、もしくは 2 時間」**となります。

---

1 文め後半

~ it might be for a hobby, a project that you feel passionate about, time with your children or to volunteer and help others.

▶**カンマによる名詞の羅列**

Point22 で学んだ項目です。今回は a hobby と a project などに「イコール関係」などはないので、or による並列だとわかります。

更に、to volunteer と help others の部分は、その to V に役割が必要なので、time にかかる形容詞的用法と考えました。

図示すると、以下のようになります。

it might be for a hobby,
　　　　　　a project that you feel passionate about,
　　　　　　time with your children
　　　　　　　　　or
　　　　　　　　to volunteer
　　　　　　　　　and
　　　　　　　　　help others

それでは、１文めの訳をまとめましょう。

訳　あなたはその１、２時間を自分のしたいこと何にでも使うことができる。それは趣味やあなたが熱中しているプロジェクト、子供との時間や、ボランティアをし、他者を助けるための時間かもしれない。

２文め

Setting aside your best hours to focus on personal goals and values is the ultimate form of self-care.

まずは構文解析です。

[Setting aside your best hours to focus on personal goals
　　　　　　　名詞のカタマリ　　　　　　and
　　　　　　　　　　　　　　　　　values]
　is the ultimate form of self-care.

▶ **複数形にすると意味の変わる言葉**

　構文的には決して難しくありません。Ving が次の V まで続いている多くの場合、Ving は動名詞で、「〜すること」でした。また、to focus の部分は形容詞的用法として考えても、副詞的用法と考えても、どちらでも問題はありません。

　訳をまとめると、次のようになります。

> 訳　個人的な目標や values に集中するためにあなたのベストな時間を取っておくことは、自分をケアする究極的な形である。

　そこで、values の確認です。value「価値」という単語自体は日本語としてもおなじみですよね。しかし、この単語は複数形になると単に「価値」の意味ではなく、**「価値観」という意味**になります。

　このように、**複数形になると意味が変わる名詞はたくさんあります**。そのなかでも頻出のものをまとめておきます。

> ## Point68 複数形になると意味が変わる名詞
>
> ・ **values** 「価値観」
> ・ **customs** 「税関」
> ・ **manners** 「礼儀作法」（manner は単数形のときに「方法」）
> ・ **authorities** 「関係当局」
> ・ **glasses** 「メガネ」
> ・ **arms** 「武器」

　ということで、上記の values のところに「価値観」という語を入れれば、解答は完成です。

設問解説

　英文解説 を参照してください。

全訳

　一日のなかであなたが最も気分が良いのはいつだろうか。ある人々は朝の最初の数時間が最も快活だと感じるだろう。夜ふかしの人にとっては夜が一日の最高の時間だろう。では自分自身に尋ねてみよう。「誰がその時間を手に入れているだろうか」と。あなたは、自分の最高の時間を、メールのチェック、仕事に追いつこうとすること、家族のためのタスクなどに費やしていないだろうか。それをやめて、その時間を自分自身に

与えよう。他の誰かのではなく、自分の優先順位の高いことに集中するために、それを使おう。あなたはその1、2時間を自分のしたいこと何にでも使うことができる。それは趣味やあなたが熱中しているプロジェクト、子供との時間や、ボランティアをし、他者を助けるための時間かもしれない。個人的な目標や価値観に集中するためにあなたのベストな時間を取っておくことは、自分をケアする究極的な形である。

第11回 AI研究の社会的側面

問題 → p.027

❗重要語句

パラグラフ1

・**emergence**「出現」> emerge「姿を現す」

・**argue for** ～「～に賛成の主張する」
  → argue 自体は「～と主張する／議論する」という意味であるが、argue for ならば「～に賛成」、argue against なら「～に反対」となる

・**discipline**「訓練／しつけ／規律」

・**context**「文脈／背景」

・**bring about**「～を引き起こす」

・**current**「現在の」

・**analyses** > analysis「分析」

パラグラフ2

・**divide**「～を分ける」
  → divide 名詞 into 名詞で「名詞を名詞に分類する」。受動態にして、be divided into 名詞で「名詞に分類される」

・**consequence**「結果」

パラグラフ3

・**contradictory**「矛盾している」

・**distinguish**「区別する」

・**encounter**「偶然出会う」

パラグラフ4

・**relate to**「～と関係のある」

パラグラフ1

> **2文め**
>
> To bring about such collaborations, it will be of great importance to
> (1) the current gap between technological and social analyses of AI.

▶ 文頭の不定詞副詞的用法

まずは以下の例文の意味を考えてみてください。

例　(1) You have to press this key to move to the next chapter.
　　　　　S　　V　　　　　O

　　(2) I'm happy to see you.
　　　　　S V　C

　　(3) He must be crazy to leave you alone.
　　　　　S　　V　　　C

　　(4) She grew up to be a doctor.
　　　　　S　　　V

　　(5) To hear her sing, you'd think she is a jazz singer.
　　　　　　　　　　　　　　S　　V　　　　　O

（1）から（5）まで、出てくる to V は全て副詞的用法です。

　仮に名詞的用法であれば、to V そのものが S や O や C になっているはずです。今回はいずれにもなっていません。よって**名詞的用法ではありません**。

　また形容詞的用法であれば、to V の（たいていは）直前に名詞があり、その名詞に向かって to V がかかるはずです。よって**形容詞的用法でもありません**。

　ちなみに、5つの文のなかで、唯一（1）だけは to V の前に this key という名詞がありますが、通常 this がついている名詞に後ろから形容詞がかかることはありません（もともと this によって1つに限定されているものには、そう簡単に修飾語句をかけることはできないのです）。そして、（2）から（4）は言うまでもなく**形容詞的用法ではありません**。

　もちろん、名詞的用法でも形容詞的用法でもなければすべてが副詞的用法になるというわけではなく、世の中にはどの用法にも分類できない to V もあるのですが、今回はそれにも当てはまりません。

では、それぞれの意味はどうなるでしょうか。

ということで、不定詞副詞的用法の5つの意味を覚えておきましょう。

Point69 不定詞副詞的用法の意味

❶ 目的　　　「V するために」

→**文頭に来る場合**、この意味であることが多い

❷ 感情の理由「V したので」

→**感情をあらわす表現**と同時に使われる

❸ 判断の根拠「V するなんて」

→**判断をあらわす表現**（must be など）と同時に使われる

❹ 結果　　　「～して V する」

→「**決まった型**」があるので覚えておこう。（注を参照）

❺ 条件　　　「V したら」

→文頭に置かれ、仮定法と同時に使われる機会が多い

注：不定詞副詞的用法の結果の意味を表す決まり文句

only to V　　　「（結局）V しただけだった」

never to V　　「（その後）決して V することはなかった」

wake up to V　「目が覚めて V した」

live up to be ～　「～まで生きた」

grow up to be ～「おとなになって V になった」

先ほど皆さんに考えてもらった例題の (1) ～ (5) の文は、Point69 の❶～❺に対して順番もそのまま対応しています。

これらを無理に覚えようとする必要はありませんが、一通り目を通して、「一度は見たことのある状態」にしておきましょう（「こんなもの簡単じゃないか」と思われがちなのですが、❷や❸などが唐突に和訳の問題で出題され、誤って「V するために」という答を書いてしまった生徒を数多く見てきました）。

では、今回はどうなのか。文型の分析をしてみましょう。

<To bring about such collaborations>,
 不定詞副詞的用法

it will be of great importance
S V   C

[to (1) the current gap between technological and social analyses of AI].

　文頭に不定詞副詞的用法があります。前述のとおり、文頭にある場合、❶目的と❺条件の意味が多いのでした。そして、2つのうち、❺**条件はほぼ仮定法と同時**に使われます。仮定法の文には would や might などの助動詞過去形が必須です。この文にはそれが存在しませんので、意味は❶目的となります。つまり、「そのような共同作業をさせるために」という意味になるわけです。

▶ of + 抽象名詞 / with + 抽象名詞
　まずは以下の Point を頭に入れましょう。

Point70　of + 抽象名詞 = 形容詞

of use　　= useful
of value　= valuable

Point71　with + 抽象名詞 = 副詞

with ease　= easily
with care　= carefully

　いわゆる「言い換え」が可能な表現というわけです。

　しかし！　ここでひとつ疑問があります。
　たとえば、上記の例にはありませんが、of importance という表現があります。もちろんこれは形容詞 important と同じ意味になります。
　でも、**一体どういう場面でこの of importance という表現が使われるのでしょうか？**
　次の2つの文を見てください。

> 例
>
> (1) His suggestion is important.
>
> (2) His suggestion is of importance.

明らかに **(2) の表現は不自然**だと思いませんか？　だって、important と一言言えばそれで済むところを、なぜ of をつけてまで importance という抽象名詞を使わなくてはいけないのでしょう？

ここで次の事実を知っておいてください。

Point72 英語における「副詞」
日本語と比べると、**圧倒的に数が少なく、表現も貧弱**

たとえば、「じっと見る」、「じろじろと見る」、「ちらりと見る」。この「じっと」、「じろじろと」、「ちらりと」は全て副詞です。

英語でこれらを表す単語はあるでしょうか？　結論。ないのです。

では英語ではどのようにこれらの表現を表すのか。実は**動詞ごと全て変えてしまう**のですね。

「じっと見る」を表すは stare、「じろじろと見る」は gaze、「ちらりと見る」は glance という各動詞があります。

日本語では「見る」という動詞は同じで、副詞を変えている。

英語では副詞が（日本語と比べて圧倒的に）少ないので、動詞ごと変える。

では、 例 に戻りましょう。

たとえば、**「非常に重要である」ということを言いたい**としましょう。この場合、important という形容詞を修飾する語の品詞は何でしょうか？　そう、副詞ですね。名詞以外にかかる品詞のことを副詞というのでした。

ところが、**英語では副詞は少ない**。ならば、importance という名詞を使うとどうなるでしょうか。名詞にかかる品詞は形容詞です。**英語には形容詞は豊富にあります**。これにも理由があって、そもそも英語では形容詞がかかる「名詞」の数が多いのです。**第0回**で学んだように、英語には絶対に S が必要です。よって、S になれる品詞である名詞の数が少なかったら……英文が書けないじゃないですか！

つまり、英語は名詞が豊か。それにともない、名詞を修飾する**形容詞も豊かに**

なったのですね。逆に副詞は貧弱。

　ここからは、英語マニア的考え方になってしまいますが、ぜひ時間のあるとき に great という形容詞と greatly という副詞を辞書で調べてみてください。great にはたくさんの例文と、細かい意味が記載されている。ところが、greatly とい う副詞のあまりに使い方の貧弱なことよ！　修飾できる相手はほぼ動詞だけで、 形容詞は比較級のときにしかかかりません。そのため、世に出回っている例文も 少ないです。

　長くなりました（こういう話、大好きなんです）。
　言いたいのは、修飾語をかけやすいのは、important ではなく、of importance の方だということです。

例　important を使った場合
　　very important, remarkably important などなど

　　of importance を使った場合
　　of great importance, of much importance, of increasing importance
　　などなど

　上記の例だけでは実感が湧きづらいかもしれませんが、形容詞のほうが修飾語 を思いつきやすいのは事実なのですね。
　皆さんの多くは大学受験で英作文が必要になるはずです。その際、これらの表 現が使えると役に立つ場面も多いでしょう。
　この文では、great という形容詞を使いたいので、important という形容詞で はなく of great importance という形にしているというわけです。

　では 1. の解答を出しましょう。
　どんな内容が入るのか。訳を見るだけで想像はできるはず。しかし、選択肢が 難しいですね。

訳　そのような共同作業をさせるために、AI についてのテクノロジー的な 分析と社会的な分析のあいだの現在のギャップを（　1　）することが非 常に重要になるだろう。

「共同作業をさせるために、ギャップを」どうするか？　共同で何かを行うのですから、「埋める」必要があるのでしょう。

　ですから、fill などの単語が選択肢にあればそれが正解となりそうですが、今回の問題ではそう簡単にはいきません。

---

1. Select the best option to fill in (　1　).
　　　A. address　　　B. challenge　　　C. increase　　　D. widen

「ギャップを拡げる」という内容にはならないので、それを意味する C. increase「増大させる」と D. widen「拡げる」が解答になることはありません。

　では、A. address と B. challenge のどちらが正解でしょうか？

　単語の正確な意味を見てみましょう。

Point73　address の意味

原義：「（何かを）〜に向ける」

　名詞のとき　❶住所　❷（メール）アドレス

　動詞のとき　❶〜に話しかける　❷〜に対処する　❸〜の宛先を書く

Point74　challenge の意味

注意！　日本語のチャレンジと違って、「（夢などに向かって何かを）やってみる」という意味はない

　名詞のとき　❶試練　❷異議

　動詞のとき　❶（行動などに）異議を唱える　❷（試合などに）挑む
　　　　　　　❸（困難などに）立ち向かう

「共同作業を実現するため」→「しかしギャップが存在する」ことは問題です。今回は、この問題に「対処する」という意味の address（動詞の❷の意味）と考えましょう。

　正解 は 1 . A. address となります。

▶「カタカナ語」の意味

　アドレスもチャレンジも、カタカナに直すだけで意味が通じる言葉です。ところが、上に記した意味を見てどう思うでしょうか？　チャレンジに「夢に向かって何かをする」という意味がないということを知ると、「日本語とは違う意味が

あるのだな」と気づくと思います。

このように、日本語と英語で大きく意味の異なる語を載せておきますので、参考にしてください。

Point75 「カタカナ語」と意味が大きく異なる語

- accent 「訛り」（日本語の「アクセント」は通常 stress）
- business 「用事」（busy の名詞形なので、仕事関連のみではない）
- channel 「海峡」（もちろん、日本語の「チャンネル」の意味はある。発音は「チャネル」）
- claim 「〜を主張する」（悪い内容だけではない）
- commercial 「商業的な」（日本語の「コマーシャル」は advertisement）
- complex 「複雑な」（日本語のコンプレックスの意味もあるにはある）
- consent 「〜に同意する」（日本語の「コンセント」は outlet）
- cunning 「ずる賢い」（日本語の「カンニング」は cheating）
- demonstrate 「〜を実証する」（デモをするという意味は入試では稀）
- document 「書類」
- fashion 「流行」
- handle 「〜を取り扱う」（handle with care「取り扱い注意」は頻出。ちなみに、「ハンドルを握る」という意味はない）
- idol 「偶像」（idle というスペリングの方は「怠けた」）
- illustration 「説明」
- interview 「インタビュー／面接」（「面接」の意味に注意）
- local 「地元の」（「田舎の」という意味はない）
- leisure 「余暇／何もしない時間」
- merit 「長所」（日本語の「メリット」は advantage が近い）
- midnight 「午前0時」（日本語の「真夜中」は in the middle of the night）
- naive 「世間知らずの」（日本語の「ナイーヴ」とは語感が全く違う）
- novelty 「目新しさ」（ノベルティグッズなどは incentive）
- pension 「年金」（日本語のペンションに当たるものは外国にはない）
- pierce 「〜に穴をあける」（もちろん「ピアス」の意味もある）
- reform 「改革」（家の「リフォーム」は remodel）
- seal 「〜を密閉する」（日本語の「シール」は sticker）
- smart 「賢い」（「痩せている」は slim など）

- subtitle 「字幕」
- unbalance 「〜のバランスを失わせる」（名詞のアンバランスは imbalance）
- veteran 「退役兵」（日本語の「ベテラン」は expert が近い）
- virtual 「実質的な」（「架空の」という意味はもともとない）

これでパラグラフ1の解説は終わりです。

内容が複雑なので、解説をしていない1文めを含めて、訳をまとめておきましょう。

パラグラフ1　訳

訳　AI の出現とともに、研究者たちは、社会的背景のなかで AI をよりよく理解するために、分野をまたいで更に協力することに賛成してきた。そのような共同作業をするために、AI についてのテクノロジー的な分析と社会的な分析のあいだの現在のギャップに対処することが非常に重要になるだろう。

パラグラフ2

1文め

In the scientific community, research on AI is commonly divided into technological concerns (connected to natural sciences and engineering) and social concerns (connected to social sciences and humanities).

「科学の共同体のなかでは、AI に対する調査はテクノロジーへの関心（自然科学や工学とつながっている）と社会への関心（社会科学や人文科学とつながっている）の2つに分けられるのが普通だった」

2文め

(2)These two research areas have been largely separate from each other.

「これらの2つの研究分野はお互いが大きく離れているものだった」

▶（　　）などで挿入が起きている場合

In the scientific community,
research on AI is commonly divided <into technological concerns ～
　　S　　　　　　V
　　　　　　　　　　　　　　　　　　　　and
　　　　　　　　　　　　　　　　　social concerns ～ >
(2)These two research areas have been largely separate ～

訳　科学の共同体のなかでは、AI についての調査は通常、テクノロジーへ
　　の関心と社会的な関心に分類される。
　　これら2つの研究分野は大きく離れている。

1 文めは（　　）の部分を全て省いてしまいました。

Point76 英文における「挿入」

ダッシュ（ー）とダッシュで挟まれている部分や、（　　　）でくくられ
ている部分は挿入である可能性が高く、**文型を確認するときには全て除去
するとわかりやすい**

そうすると、今回の冒頭の ⚠️重要語句 に載せたように、be divided into 名
詞 and 名詞で「名詞と名詞に分類される」、となります。名詞はそれぞれ
technological concerns「テクノロジーへの関心」と social concerns「社会的関
心」です。

では、その後の these two research areas が指すものは？　これは簡単です
ね。2つに分類されたこの technological concerns と social concerns、すなわ
ち 正解 は 2. D. the technological and the social となります。

パラグラフ3

1 文め

(3)This separation is contradictory and creates practical and analytical
problems for the simple reason that technology is always already social.

3. の問題は、this separation が何を指しているのか答えるものです。次の
ルールを覚えておきましょう。

Point77 文章のなかで this が指すもの

❶ 前方を指す。その場合、**近くのものしか指さない**

❷ 後方を指す。その場合、**V の後ろに this がある**

例　I'd like to tell you this: be more careful.

　　(this が指すのは be more careful)

今回は❶の形ですね。前方から this separation を探すと、パラグラフ2の3文めに a separation between... という形が見つかります。between A and B の A と B がわかりづらいですが、上記の構文解析でわかるように、viewing と seeing を結んでいます。

その部分だけを訳すと、以下のようになります。

> 初めは AI を技術的なものだと考えていたことと、後になってそれが組み込まれて使用されるようになってはじめて、社会的な結果をもたらすかもしれないことを理解したこととのあいだの分離

see that SV は、that 節を後ろにとれる V の説明（Point67）からわかるように、「見る」という「動作」の意味ではなく、**「理解する」という「認識」の意味になります。**

では、4つの選択肢のうち、どれが正解となるでしょうか。選択肢全てが**意味上の主語つきの動名詞**になっていることに注意してください。

それぞれ意味を書いておきます。

> A. AI being made of material objects for humans to cooperate with socially and technologically
>
> 「AI は人間が社会的、技術的に協力をするための素材から作られている」
>
> B. AI being viewed as having social consequences only after it has been implemented
>
> 「AI は、(社会に) 組み込まれるようになってはじめて、社会的な結果をもたらすものと見なされた」
>
> C. the scientific communities being unable to be divided into technological concerns and social concerns

「科学界の共同体は技術的な懸念のあるものと社会的な懸念があるものに
分けることができない」

D. the social impact of AI being fully recognized throughout its
implementation process
「AI の社会的インパクトは、それが社会に組み込まれる過程を通して完
全に認識されてきた」

このように見ると、正解 は B. しかないことに気づくと思います。

紛らわしい選択肢すらない簡単な問題のはずですが、使われている単語が難し
く、選択肢そのものが長いとその時点で「勘で」解こうとしてしまいがち。気を
つけましょう。

ちなみに、この1文めは、このパラグラフの内容をうまく要約しているので、
改めて全訳しておきたいと思います。

This separation is contradictory
　　　　　S　　　　　　V　　　　　　C

　　　　　　　　and

　　　　　　　　creates practical　　　problems
　　　　　　　　　　V　　　　and　　　　　　O

　　　　　　　　　　　　analytical

　　　　for the simple reason that technology is always already social.

訳　この分断は矛盾しており、テクノロジーはすでに常に社会的であると
いう単純な理由により、実用的かつ分析的な問題を作っているのだ。

つまり、AI に限らず、テクノロジーが進歩すると、実社会に問題が出てくる
ものだということですね（雑な要約）。

それを頭に入れて、パラグラフ3の最終文（5文め）を見てみましょう。

<To better understand AI technology in the context (　4　) it operates>,
　不定詞副詞的用法

the fact [that these two concerns cannot be separated]
　S　　　同格

needs to be reflected <in AI research>.
　　　V

訳 AIが機能する背景において、AI テクノロジーをよりよく理解するためには、[これら2つの懸念を分けることができない] という事実が AI の調査において反映される必要がある。

文頭の不定詞副詞的用法がまた出てきました。Point69 で学んだ通り、「目的」の意味で問題はないでしょう。

in the context（　　）it operates の it は AI technology を指しています。V が operate「作動する、機能する」で、このVのSは通常「機械、装置、システム」だからです。

では4.の解答を出しましょう。

選択肢はいずれも関係詞・疑問詞です。まずこの位置には名詞節を入れることはできないので、**名詞節しか作ることのできない B. how** は解答の候補から外しましょう。念のため、まとめておきます。

Point78 how の用法
❶ **名詞節しか作れない**（パッと見ると副詞節を作りそうに思えるので注意）
❷ **後ろは完全な文**
❸ 意味は「**どのように～か**」「**どれくらい～か**」

更に、内容を考えると、in the context「その背景・文脈のなかで」の「その背景・文脈」が何を指すのかが不明瞭なので、it operates の部分を形容詞節にし、the context を修飾したいところです。

ですので、D. when は「時」を表す名詞しか修飾できないのでここでは解答になりません。

では A. by which か C. in which か。次のような問題を考えると解答はすぐにわかるでしょう。

例題 空所に適切な前置詞を入れよ。
This is the town （　　）which he was born and grew up.

解答 **in**

なぜ in が入るのか。**in the town の in** ですね。

which は town を指しているので、その town とセットになって働く前置詞は in しかありません。

それを踏まえて、本文に戻ると、by the context か in the context か。context は in とペアになる名詞なので、正解 は C. in which となります。

パラグラフ4

1文め

(5)By focusing on how the challenges of AI research relate to the gap between technological and social analyses, scientists will be able to propose practical future steps for AI research and achieve fruitful cooperation.

「AI の調査の困難がどのようにテクノロジー的分析と社会的分析のあいだのギャップとつながっているかに焦点を合わせることにより、科学者たちは AI 調査の実用的な未来へのステップを提案し、実のある協力をすることができるだろう」

構文は以下のようになります。

<By focusing on how the challenges of AI research relate to the gap 〜 >
前＋動名詞

scientists will be able to propose 〜 steps for AI research
    S   V   and   O

                          achieve fruitful cooperation.
                                  O

まずは by + Ving から。これら3つの前置詞＋動名詞を覚えておきましょう。

Point79 前置詞＋Ving のイディオム

by Ving　「V することによって」（**手段**）
on Ving　「V するとすぐに」（**瞬間**）
in Ving　「V するときに」（**時**）

今回は手段を表す by + Ving です。

では訳を見ながら、5. の解答を決めてしまいましょう。

5.

A. AI の調査は、他のどの分野からも独立していて、人間ではない物体しか扱っていない。

B. AI の調査は主に人間の達成についての実用的な研究と関連がある。

C. AI を調査するのに、分野の間のギャップの橋渡しをすることでうまくいく。

D. 科学者の急速な進歩はテクノロジーと社会的な分析と密接なつながりがある。

　　今回、うまくいくための手段は「ギャップに焦点を当てる」ことでした。よって、正解 は C. となります。

設問解説

英文解説を参照してください。

全訳

　　AI の出現とともに、研究者たちは、社会的背景のなかで AI をよりよく理解するために、分野を跨いで更に協力することに賛成してきた。そのような共同作業をするために、AI についてのテクノロジー的な分析と社会的な分析のあいだの現在のギャップに対処することが非常に重要になるだろう。

　　科学の共同体のなかでは、AI に対する調査はテクノロジーへの関心（自然科学や工学とつながっている）と社会への関心（社会科学や人文科学とつながっている）の２つに分けられるのが普通だった。これらの２つの研究分野はお互いが大きく離れているものだった。AI の社会的なインパクトが認識されたときですら、はじめのうちは AI をテクノロジーの対象と見なすことと、それが実際に世界に組み込まれて使用された後になってはじめて、社会的な結果をもたらすかもしれないと理解することとのあいだには、典型的な分離がある。

　　この分離は矛盾していて、テクノロジーがすでに常に社会的であるという単純な理由のために、実用的かつ分析的な問題を作っているのだ。たとえば AI システムを注意深く分析しようとするならば、人間による素材と人間でないものによる素材を区別することが難しくなるだろう。同じ理由で、人間は AI と出会ったときに、物理的なものと協力するということは単純過ぎる。それゆえ、テクノロジーは、社会的なものと分離することにより、中立的なものとしてアプローチすることができない。AI が機能する背景において、AI テクノロジーをよりよく理解するためには、これら２つの関心を分けることができないという事実が AI の調査において反映される必要がある。

　　AI の調査の困難がどのようにテクノロジー的分析と社会的分析のあいだのギャップとつながっているかに焦点を合わせることにより、科学者たちは AI 調査の実用的な未来へのステップを提案し、実のある協力をすることができるだろう。

❗重要語句

パラグラフ1
- **be credited with**「〜の功績を認める」

パラグラフ2
- **clothing**「身につけるもの、衣服など」
  - → clothes も意味は似ているが、靴などは入らず「衣料品」と呼ばれるものだけを指す

パラグラフ3
- **flowing**「ふわりとした／流れるような」
- **reputation**「評判」
- **specifically**「具体的に／特に」
  - → specific の副詞形

パラグラフ4
- **feminine**「女性っぽい」
- **client**「(専門職の) 顧客」

英文解説

　今回は、英文自体の難度は決して高くないのですが、ところどころに「お！これはわかりづらい」と思うような英文が出てきます。ですので、その難しい一部の文にのみ焦点を当てることにしましょう。

パラグラフ2

5文め

　She compared the creations she made before working there and the ones she made afterwards to the differences between an average car and a Rolls-Royce.

▶ compare の語法

回を重ねて、**第12回**。様々なルールや知識を `Point` という形式で学んできました。

そのあたりの知識を活かしながら、**この英文を和訳できますか？** もちろんこれは和訳の問題ではありませんが、国公立大の出題であれば間違いなくここに下線が引かれるはず。相当手強い問題になると思います。考えてみてください。

（5分経過）

いかがですか？

では構文を見てみましょう。

She compared the creations (she made before working there)
　S　　　　V　　　　　　　O
　　　　　　　and

　　　　　　the ones (she made afterwards)

　　　　　　<to the differences between an average car

　　　　　　　　　　　　　　and

　　　　　　　　　　　　a Rolls-Royce>.

最初に目につくのは compare「〜を比較する」という V でしょう。比較…当然、２つ（以上）のものがないと比べることはできませんから、後ろの the creations...and the ones（もう ones が何を指しているのかはわかりますね。上記の構文の図を見れば一目瞭然、the creations です）という A and B の形で、「A と B を比べる」という意味になっている…ように見えます。

でもそう簡単にはいきません。次のことを覚えておきましょう。

Point80 compare の語法

原則として、次の２種類

❶「(名)₁を(名)₂と**比較する**」→　compare (名)₁ with (名)₂
　　　　　　　　　　　　　　　　　　　　　　　to
　　　　　　　　　　　　　　　　　　　　　　　and

❷「(名)₁を(名)₂に**たとえる**」→　compare (名)₁ to (名)₂

「え？ compare 〜 and 〜もあるんだから、今回もそれじゃないの？」と思うかもしれません。

そういう人は、もう少し引いた視点で見てみましょう。

この英文には to もあります。そして、to を支点にして、**その前後に A and B という形がある**のです。

そう。❷「〜たとえる」という意味であれば、当然**前後が似た内容になる**はず。「受験勉強を修行にたとえる」と言えば、受験勉強も修行もどちらも「辛いこと」という共通点があります。

今回も **to の前後どちらにも A and B という形があります**。しかもどちらも「違い」を表しています。前は before と afterwards、後ろは the average car「普通の車」と Rolls-Royce「ロールス・ロイス（超高級車）」。

もうわかりましたね。この英文は to の前の A and B という違いを、to の後ろの「普通の車とロールス・ロイス」にたとえているのです。

訳は以下のようになります。

> **訳** 彼女はそこで働く前に創ったものとその後に創ったものを、普通の車とロールス・ロイスの違いにたとえた。

パラグラフ3

2文め

She was one of the first designers to make soft, flowing clothing, and to have fashion show models walking without shoes.

構文解析してみましょう。

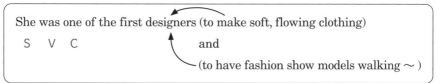

She was one of the first designers (to make soft, flowing clothing)
S   V   C
                                     and
                                    (to have fashion show models walking 〜)

▶to V 形容詞的用法

まず**不定詞形容詞的用法はとても難しい**ことを認識しておいてください。「え？　前の名詞に to V をかけるだけじゃないの？」と思ったあなた！　そう甘くはないのです。

まず次の問題を解いてみましょう。

例題　指定された to V を用いて英訳しなさい。
(1) 彼女は自分を助けてくれる友人がたくさんいる。(to help)
(2) 彼女にはするべき仕事がたくさんある。(to do)
(3) ここは寝るのにはすばらしい部屋だ。(to sleep)

正解　(1) **She has a lot of friends to help her.**
(2) **She has a lot of work to do.**

誤答　(3) This is a nice room to sleep.

　(1) と (2) を難なく解けた人も、(3) の「よくある誤答」を見て、「何も間違ってなくない?」と思いませんか。「寝るべき素敵な部屋」と読めますものね。

　では (3) が誤答であることを確かめるために、(1) と (2) を分析してみましょう。この2つは全く異なる用法です。
　どの点で異なるか?　to V の V とその前の名詞との関係です。
　(1) は**「誰が」助けるか**。a lot of friends「たくさんの友人が」助けるのですね。
　では、(2) は**「誰が」するのか**。a lot of work ?　いえいえ、これは「彼女が」するのですよね。
　さらに、それぞれ**「誰を/何を」助ける/するのか**。(1) では「彼女を」助けます。to help her ですから、help の後ろに O がある形になっています。
　ただ、(2) の場合、**後ろに O はありません**。なにせ、a lot of work「たくさんの仕事を」するのですものね。つまり、**前の名詞が O になっています**。

　まとめましょう。(1) では名詞と V の関係は「友人が」助ける、すなわち S と V の関係になっています。
　翻って、(2) では「仕事を」する、すなわち O と V の関係です。
　to V 形容詞的用法が成立する箇所は、原則としてこの2つのどちらかの関係が成り立っています。

　いよいよ (3) です。S → V 関係、O ← V 関係のどちらが成り立っているでしょうか。「部屋が眠る」、「部屋を眠る」…。どちらの関係もありません。「部屋で」

眠るんですものね。

では、その「〜で」に当たる in を足しましょう。

（3）の　正解　**This is a nice room to sleep in.**

この形にすると、in という前置詞の O に a nice room が当たるようになります。O ← V 関係が成り立つのですね。

ここまですべてをまとめましょう。

Point81　to V 形容詞的用法の全種類

❶ S → V 関係

例　friends to help me

注：この用法では、修飾される名詞側に「一」や「一番」を表す形容詞がついているものや、それが名詞化されたものが使われることが多い

（例　the only man、the first woman、the last person など）

❷ O ← V 関係

例　a lot of books to read
　　houses to live in

❸ 特別な名詞＋ to V

特別な名詞とは…

(i)　time ／ place ／ way ／ reason ＋ to V
　　（to V の部分が関係副詞節の代わりをしていると考えるとわかりやすい）

(ii)　元の動詞や形容詞が to V と相性の良い名詞
　　（例：ability（be able to V）、refusal（refuse to V）など）

(iii)その他の例外的な名詞（未来志向の名詞が多い）
　　effort to V、opportunity to V、threat to V など

---

❶と❷はこれまでに話した通りなのですが、❸が「いったい何のこと？」という感じかもしれません。言えるのは、ある特定の名詞では S → V 関係も O ← V 関係も必要ないということです。

このような特別な名詞は思いのほかたくさんあります。皆さんが大学受験を超えて英語で発信できるようになるためには、そのすべてを覚える必要がありま

す。翻って、大学受験においては**その暗記は必要ありません**。覚える苦労の割に、点数にはつながりません。

　それより、仮に英作文で書かなくてはいけない場合に、**❶と❷を常に意識する**ようにしてください。

　今回の英文では、the first designers というように「一番」を表す名詞の後に to V があります。①のパターンである可能性が高いですね。

　意味も、S → V 関係（デザイナーが作った）があります。

　よって、この **to V は形容詞的用法**だと考えてよいでしょう。

▶形容詞の並列

　もしかすると、本文を読んだときに、上記の to V 形容詞的用法よりもこちらの方に対して戸惑ったかもしれません。soft, flowing clothing の部分です。soft で切ってしまい、その後の flowing clothing とのつながりがわからなくなる、というパターンです。

　実は**英語の形容詞は 2 つ以上重ねるときに、あいだに and を入れないこともある**のです。and を入れるときと入れないときの区別はかなり曖昧なので、判別法を覚えておく必要はありません。

　しかし、今回の文を読んだ際に、soft の時点で「あれ、区切れてる？」と読解をストップしてはいけません。**soft は形容詞なので、この位置に置かれるのであれば、後ろに修飾する名詞が必要**なのですから。

　だから、「ああ、soft and flowing clothing のことか！」と気づかなくてはいけません。

　一言で言うならば、「形容詞の後ろに名詞がなく、『,』で終わっているときは、その後ろの形容詞と並列かもしれない」と気づくようにしましょう。

▶SVOC の have

　まずはまとめから入りましょう。

Point82 have O C

❶ C の位置には **V 原形／ Ving ／ Vp.p.** が置ける

❷ 意味は原則として「**〜してもらう**」「**〜させる**」

> 例 I had my secretaries check the e-mail.
>
> 「私は秘書たちにメールをチェックさせた」（秘書がチェックする）
>
> I had my teeth checked.
>
> 「私は歯を検査してもらった」（歯が検査される）
>
> We have a car waiting for you.
>
> 「車を待たせています」（車があなたを待っている）

❸ have 名詞 Vp.p. の際には「**被害**」の意味もある。

> 例 I had my bicycle stolen.
>
> 「私は自転車を盗まれた」（自転車が盗まれる）

本文にも have O C の形が出てきています。

> to have fashion show models walking without shoes
>   V   O   C

この部分は、walking 以下が前の fashion show models を修飾しているのでは
ありません。そう読むと、have 〜 models で、「モデルを所有している」意味に
なってしまいます。

ですから、この **have を「〜させる」の意味で読む**ようにしましょう。

ということで、全てをまとめて和訳をします。

> She was one of the first designers (to make soft, flowing clothing)
> S   V C
>   and
>   (to have fashion show models walking 〜)
>   （不定詞の）V   O   C
>
> 訳 彼女は柔らかく流れるような服を作り、ファッションショーのモデル
> たちを裸足で歩かせた初めてのデザイナーの一人であった。

選択肢の訳を載せれば、「本文の内容と一致しない」もののうち、4つまでは簡単に求められるでしょう。(A) と (E) と (N) と (O) です。特に (A) と (O) は能動と受動を変えるという古典的なひっかけ問題です。

　ただ、残りの1つは迷うかもしれません。 正解 は (G) です。

　パラグラフ3の3文めに注目しましょう。「bias cat」を流行らせる前に、because of ideas like these、つまりその前方に書いてあることが原因で、すでに良い評判を得ていたのです。

　全ての選択肢の訳を載せておきます。
(A) ヴィオネは2つ以上の流行をスタートさせたのは自分の功績だと考えた。
(B) ヴィオネの家族は裕福ではなかった。
(C) ケイト・ライリーはロンドンでドレスを作った。
(D) ライリーとカロ姉妹による作品は博物館で展示されている。
(E) ヴィオネはカロ姉妹のところで働いているときに自動車を作った。
(F) ヴィオネは自信があったので、自分の会社を始めることができた。
(G) ヴィオネは、バイアスカットを使うようになり、クリエイティヴだと思われるようになった。
(H) バイアスカットは2つ以上の利点があった。
(I) バイアスカットで作られたドレスはとりわけ女優の間で人気があった。
(J) グレタ・ガルボはヴィオネが2つ以上の国で店を持てた理由であった。
(K) ヴィオネは親である従業員をサポートした。
(L) ヴィオネの人生は全体的にはたやすいものではなかった。
(M) 2つ以上の戦争が、ヴィオネが働く妨げとなった。
(N) ヴィオネは著名であることを嬉しくは思わなかった。
(O) ヴィオネは日本やその他のファッションデザイナーに影響を受けた。

全訳

　マドレーヌ・ヴィオネはフランスのファッションデザイナーで、1876年に生まれた。彼女はクリエイティヴなデザイナーで、いくつかの流行を始めた功績で認められている。彼女の家族は貧しかったので、12歳のときにドレスメーカーで働き始めることになった。

　18歳のとき、ヴィオネはロンドンにおり、著名なドレスメーカーであるケイト・ライ

リーからファッションについて学んだ。ヴィオネを次に雇用したのも著名な人で、カロ姉妹だった。彼女たちはデザインに情熱を持つフランスの4姉妹だった。彼女たちの服は、ケイト・ライリーと同じように、今でも博物館で見ることができる。カロ姉妹の会社でヴィオネは技術を磨いたと言っている。彼女はそこで働く前に彼女が創ったものと、その後に創ったものを、普通の車とロールス・ロイスの違いにたとえた。

ヴィオネは自分の技術に確信を持っていたので、1912年に自分のファッション・デザイン会社をスタートさせた。彼女は柔らかく流れるような服を作り、ファッションショーのモデルたちを裸足で歩かせた初めてのデザイナーの一人であった。これらのようなアイディアにより、彼女は伝統的ではない方法で洋服を作り始めたときに、すでにそのクリエイティビティの評判が高かった。とりわけ、彼女は「バイアスカット」と呼ばれているものを使っていたが、それは身体を斜めに横切るように布を使ったものであった。

ヴィオネのバイアスカットにはいくつかの利点があった。バイアスカットにより、女性の洋服は更に女性らしく見えるようになり、着てみるとより快適に感じられた。またバイアスカットにより女性たちは以前より楽に、自然に動くことができた。女優たちがヴィオネの服を愛したのは、自分たちがスクリーン上で素敵に見え、より効果的な演技ができるからであった。彼女の外国の顧客にはジョーン・クロフォードやグレタ・ガルボが含まれていた。グレタ・ガルボはあまりに人気があったので、ヴィオネはフランスやアメリカにも出店した。

ヴィオネは良い雇用主でもあった。彼女は従業員に有給休暇を与え、働いている親たちには子どものケアのための日を与えた。また、従業員の健康のケアをする産業医も雇っていた。しかし、ヴィオネにとって、人生は常にたやすいものではなかった。第一次世界大戦と第二次世界大戦の2つの大戦により、彼女は働くことをやめなければならず、また彼女の名声が作り出した著名さを好まないとても私的な人間であった。彼女はヨーロッパ、アメリカ、日本のファッションデザイナーたちに影響を与え、98歳で亡くなった。

⚠️ 重要語句

パラグラフ1

- **investigate**「〜を調査する」
- **atmosphere**「空気／大気」
- **ice**「氷」
  → 日本語の「アイス（クリーム）」の意味はない（その際には ice cream を用いる）
- **trap**「〜を閉じ込める」
- **snowflake**「雪片」
- **layer**「層」
- **remain**「〜のままである」

パラグラフ2

- **hollow**「空洞の」
- **core**「核／中心」
- **come up**「姿を現す」
  → come up <u>with</u> になると、「〜を思いつく」というまったく別の意味を持つ
- **laboratory**「研究室」
- **represent**「〜を表す」
- **method**「方法」
- **suggest**「〜を提案する／〜とそれとなく言う」
- **amount**「量」
- **increase**「増加する」
  →「<u>〜を</u>増加させる」という他動詞的な意味もある

パラグラフ3

- **Norwegian**「ノルウェーの」
- **point out**「〜を指摘する」
- **claim**「〜を主張する」
  → 日本語の「クレーム」のように、「悪いこと」を言うだけではない。「よいこ

と」でも主張するときには使うので注意

- quantity「量」
- stable「安定した」
- absorb「〜を吸収する」
- measurement「測量／測定」
- period「期間」

（英文）（解説）

パラグラフ1

1文め

Several years ago, certain scientists developed a way of investigating the nature of the atmosphere of the past by studying air caught in the ice around the North or South Pole.

「数年前に、ある科学者たちが、北極や南極の周りの氷のなかに捕らえられた空気を研究することによって、過去の大気の性質を調査する方法を発展させた」

▶ 限定用法の certain

certain は通常、形容詞です。英語の形容詞には2つの用法がありますね。「名詞にかかる」用法と「SVC や SVOC の C として働く」用法です。

Point83 形容詞の2つの用法

❶ 限定用法→**名詞にかかる用法**。通常、**前からかかる用法**のことを言う

❷ 叙述用法→**C になる用法**。もしくは**後ろから名詞にかかる用法**

例　those present「出席者」

今回は certain scientists というように、certain が scientists に対して前からかかっています。よって❶限定用法となります。

「それが何か？」と不思議に思う人もいるかもしれません。なぜなら、そんなものは見ればわかるから（certain scientists という形を見れば、certain という形容詞が scientists という名詞にかかっているのは誰の目にも明らかでしょう）。

しかし、**形容詞のなかにはこの❶と❷の区別が大切になるものがある**のです。それはなぜか。

形容詞のなかには、２つの用法により意味が微妙に（場合によっては大きく）異なるものがあるのです。

　たとえば、different という形容詞を辞書で調べてみてください。
　（余談ですが、最近、辞書を使う手間を惜しんで、ネット検索で済ませる生徒が多すぎます！　ネットの検索で出てくる結果にはほぼ**意味しか載っていません**。意味だけでは、単語を調べたことになりません。
　そこには、**「用法ごとの意味」「似た意味の他の単語との違い」**など、大切なことが何も書いてありません。
　紙の本であれ、電子辞書であれ、そして（おそらく一番手に入れやすい）スマホやタブレットのアプリであれ、**少なくとも英和辞典を１冊、いつでも使える状態で英語の勉強をしてください**。心からのお願いです）

　皆さんがよく知っている different の「異なる」という意味は、限定／叙述関係なくありますが、限定用法には**限定用法特有の「様々な」とか「別の（≒another)」**などの意味が載っているはずです。

　もちろん、「異なる」からこそ、ひとつひとつ違いがあって、「様々な」という意味になることは確かです。
　でも、「ここには異なる人々がいる」という日本語と「ここには様々な人々がいる」というのではまったく意味が異なるのはないでしょうか。

　different 以外にも、❶と❷それぞれの用法で大きく意味が異なる形容詞を２つ覚えてほしいので、下にまとめておきます。

> **Point84　限定用法と叙述用法で意味が大きく異なる形容詞**
>
> certain　　限定「ある〜」「なんらかの〜」
> 　　　　　　叙述「確信している」
> present　　限定「現在の〜」
> 　　　　　　叙述「存在している」
> （certain の限定用法の「なんらかの〜」は、some と似ているが、some の場合、発信者本人もよくわかっていないのに対し、certain はわかっているがあえて言わずに「なんらかの〜」と言っていることが多い）

今回、certain は限定用法なので、certain scientists で「（知ってはいるが、あえて言わずに）ある科学者たち」と言っているのです。

3文め

The snow turns to ice with the air still inside.

「その雪が空気をなかに含んだまま氷に変わる」

▶ 付帯状況の with

まずは次の問題を解いてみましょう。

例題　空所に入るものを選びなさい。

He was listening to the music, (　　).

　　　① with closing his eyes

　　　② with his eyes closing

　　　③ with his eyes closed

正解　③

「え？　目を閉じて音楽を聴いている」ならば、① closing his eyes じゃないの？」と思った人は、もう一度 Point79 を確認しましょう。前置詞 + Ving のイディオムに with Ving はありませんでした。原則として、（別の熟語の一部などでない限り）この形は出てきません。

「ならば②は？」と思った人向けに、通称「付帯状況の with」と呼ばれる形をまとめておきましょう。

Point85 付帯状況の with

with 名詞 + Ving ／ Vp.p.（その他の形もあり）

「名詞が V している／V されている」という主述関係ができる。詳細な意味は以下の通り

❶ **付帯状況**「〜しながら」「〜の状態で」

❷ **理由**「〜なので」（文頭にあるときにこの意味のことが多い）

注：Ving ／ Vp.p. がないが、意味的に主述関係があるときは、それらのあいだに being という単語を補うとわかりやすいことが多い

例題に戻ります。

② with his eyes closing　「彼の目が（何かを）閉じている」
　　　　　　　主 → 述語
③ with his eyes closed　「彼の目が閉じられている」
　　　　　　　主 → 述語

　一般的に言って、目は自分の意志で「閉じられる」もの。ですから③が正解となるのです。

　元の文を見てみましょう。with the air still inside という形があります。「still inside が the air にかかるのでは？」と思った人。残念ながら、通常副詞（この場合は still）が、かかる名詞の直後にある形のときに後置修飾になることは稀なので、まずは上記の付帯状況の with だと考えてみませんか？

　今回は Ving ／ Vp.p. がないので、あいだに being を補った形で見てみましょう。

The snow turns to ice with the air (being) still inside.
　　　　　　　要は the air is still inside ということ

「その空気がまだ内側にある状態で」という意味になります。

パラグラフ2

1文め

　To find what air was like three hundred years ago, you use a drill in the shape of a hollow tube to cut deep into the layers of ice.

「300年前の空気がどのようなものだったかを知るためには、空洞の管の形をしたドリルを使って、氷の層のなかに深く切り込んでいけばよい」

▶ what S is like

　次の　例題　を考えてみてください。

what S is は「S とは何か」、そこに like をつけて **what S is like**「S はどの**よ**うなものか」となったもの。

そのSの位置には、わりと長い内容がきやすく（だって、「予備校の先生ってどういうカンジのもの？」というよりも、「予備校の300人教室で授業してみるってどういうカンジのもの？」という文のほうが頻繁に使われますものね）、そのために **S は仮主語、真主語は後ろというパターンが多い**です。今回も同じ。it に to be poor を入れると考えると理解可能なはずです。

本文の what air was like three hundred years ago は「300年前、空気がどのようなものだったか」となります。hundred years ago とペアで前置詞＋名詞を作っているわけではなく、what air was like で「空気はどのようなものだったのか」、そこに「300年前には」という時を表す副詞が加わっているわけです。

3文め

Then, back at the laboratory, you count the layers in the core —— each layer represents one year —— to find ice formed from the snow that fell during the year to be studied.

「そして、研究室に戻り、調べるべき年のあいだに降った雪からなる氷を見つけるために、その核のなかの層を数えてみる。それぞれの層が1年を表しているのだ」

▶ダッシュ

この記号もなかなか意味を取りづらいですね。Point38 で既に学んだように、「前にあるわかりづらい内容を、具体的でわかりやすい表現で言い換え」というのが基本ではあります。

ただ、コロンと大きく違うのは、今回の英文のように、**2つのダッシュで挟まれることがある**ということです。こういう場合、「言い換え」というより、（　）で注釈的に付け足しをすることも多いです。

まとめておきましょう。

Point86 2つのダッシュで囲まれた部分の役割

原則として、**前までの内容で足りない内容を付け足す。**大きく2つに分けると、

❶ 前の内容の言い換え、例示
❷ 前の内容に対する注釈的な付け足し

本文に戻りましょう。

~ , you count the layers in the core
    S   V   O

「あなたは核のなかの層を数える」

— each layer represents one year —

「それぞれの層が1年を表しているのだ」

こう読むと、❷付け足し（理由の付け足しですね）をしていることが一目瞭然でしょう。

前の文で、「あなたは、核のなかの層（レイヤー）を数える」と言っている。でも、何の目的でわざわざ層を数えるのかが書かれていない。だから、「それぞれの層が（まるで年輪のように）1年を意味しているからだ」と言っているのです。

もちろん、ダッシュで挟まれた部分を、because …とわかりやすく言ってもよいのですが、そこまで重要な情報ではないのでしょうね。今回は軽めにダッシュで説明を加えているわけです。

▶ represent

represent はだいたい以下のような形で使われます。

Point87 represent

目に見えるもの + **represent** + 目に見えないもの
     S   V   O

今回は、Sである each layer「それぞれの（氷の）層」は目に見えますが、one year「1年」という時間は目に見えません。だから、その「**目に見えないもの**」を「**目に見えるもの**」が代表して表しているのです。

Using this method, these scientists suggested that the amount of carbon dioxide (CO_2), one of the gases which may cause global warming, had increased greatly over the last two hundred years.

「この方法を使って、これらの科学者たちが言うには、二酸化炭素、つまり地球温暖化を引き起こすかもしれない気体の1つの量が、ここ200年で著しく増えたとのことだ」

▶名詞による同格

これまでに数回出てきましたね。名詞の羅列。今回は CO_2 と one of the gases の部分が「言い換え」になっています。

今回は dioxide（CO_2）と one のあいだに「＝」をつけるとわかりやすいです。 訳 は「二酸化炭素、つまり地球温暖化を引き起こすかもしれない気体の1つ」となります。

設問解説

問1　「ある科学者たちが主張したのは（　1　）ということである」

「リード文」（問の横に書いてある文）がある問題は、その部分を参考にして本文から対応箇所を探します。なぜなら、選択肢は4つのうち1つしか本文と合致するものはありませんが、**リード文は必ず本文の内容と一致している**のですから、利用しない手はありません。

今回はパラグラフ1に数か所「科学者たち」の主張が出てきます。そのなかから5文めの these scientists believed「これらの科学者たちは信じていた」を見つけましょう。いったい何を信じていたのか？　the trapped air remains exactly as it was「閉じ込められた空気は、かつてとまったく同じ状態である」のです。

次に、選択肢を見てみると、④「雪片のあいだに捕らえられた空気はその元来の性質を保っている」が見つかります。これが 正解 です。

このように、**内容一致問題は、本文との対応箇所をいかに素早く正確に見つけられるかが勝負の分かれ目**です。しっかりチェックしましょう。

ちなみに、そのほかの選択肢は、

①　大気中の気体は年間降雪量を増やす

②　降ってくる雪片は空気の化学バランスを変える

③　大気中の気体の作用によって雪が氷に変わる

で、どれも本文中に記述はありません。

問2 「ある特定の年の大気中の気体を調べるために、これらの科学者たちは
（　2　）ことをしなくてはいけなかった」

　今回は In order to study atmospheric gases がヒント。パラグラフ2の3文め
に、**不定詞副詞的用法「Vするために」**がありました。

　本文は to find ice ～ during the year to be studied「調べるべき年のあいだに
～氷を見つけるために」となっていて、「気体を調べる」と微妙にズレています
が、その気体は雪片のなかに閉じ込められているので、「氷を見つける」と同じ
ことだと考えて差し支えはありません。

　よって、この場合は「ある年の氷を見つける」、すなわち　正解　は③「氷の核
のなかのある層を特定する」となります。

　ちなみに、そのほかの選択肢は、

① 捕らえられた空気を測るためにどれだけ多くの核が必要かを数える

② 様々な種類の雪片を調査する

④ 核のなかでそれぞれの層がどれほど空洞になっているかを測る

となり、どれも記述がありません。

問3 「ノルウェーの科学者は、氷の核の分析の有用性に疑問を投げかけ、（　3　）
と主張した」

　ノルウェーの科学者は、パラグラフ3に出てきました（そのほかのパラグラフ
にはノルウェーという記述はまったくありません）。しかも、2文めには、He
claimed という形があります。わかりやすいですね。

　that 節内を見てみると、air caught in ice does not stay the same「氷に捕ら
えられた空気は同じ状態でない」と言い、さらに続けて、the quantity of CO_2
does not remain stable「二酸化炭素の量は安定したままでない」としています。
さらには since 以降で、「氷の結晶に吸収されたり、水に溶け込んだり、そのほ
かの化学物質のなかに閉じ込められたり」と「二酸化炭素について様々な状態」
を提示しています。

　この内容と、選択肢③「氷のなかの二酸化炭素の量はいくつかの方法で変化
する」が合致しています。よって　正解　は③。

　ちなみにほかの選択肢は、

① 氷は核が引き出されたときにさらに多くの二酸化炭素を吸収する

② 氷は二酸化炭素を減らすことによって地球温暖化に影響を与える

④ 氷の質は掘るあいだに影響を受けるかもしれない

となり、どれも合致しません。

全訳

　数年前に、ある科学者たちが、北極や南極の周りの氷のなかに捕らえられた空気を研究することによって、過去の大気の性質を調査する方法を発展させた。彼らの理論によると、雪が降ると、空気が雪片のあいだに閉じ込められる。その雪が空気をなかに含んだまま氷に変わる。何年ものあいだに、さらに雪が上に降り積もり、新たな氷の層をつくる。しかし、これらの科学者が信じるに、閉じ込められた空気は、雪が初めに降ったときとまったく同じ状態のままであるということだ。

　300年前の空気がどのようなものだったかを知るためには、空洞の管の形をしたドリルを使って、氷の層のなかに深く切り込んでいけばよい。ドリルを引き上げたら、多くの層からなる氷の核がそのなかから現れる。そして、研究室に戻り、調べるべき年のあいだに降った雪からなる氷を見つけるために、その核のなかの層を数えてみる。それぞれの層が１年を表しているのだ。この方法を使って、これらの科学者たちが言うには、二酸化炭素、つまり地球温暖化を引き起こすかもしれない気体の１つの量が、ここ200年で著しく増えたとのことだ。

　しかし、ノルウェーのある科学者は、この方法には問題があるかもしれないと指摘した。彼は氷に捕らえられた空気は同じ状態でないと主張したのだ。とりわけ、彼が言うには、二酸化炭素の量は安定していない。なぜなら、そのうちの一部は氷の結晶に吸収され、あるものは水に溶け、またあるものはほかの化学物質のなかに閉じ込められるからだ。もしこれが本当ならば、我々が考えるよりも多くの二酸化炭素が過去にはあったはずだ。もしそうであったとしても、過去30年のあいだになされた測量は、この短い期間に10%以上も二酸化炭素が増えたことを示している。

[第14回] 人間と海

❗重要語句

パラグラフ1

- alter「〜を変える」
- surface「表面」
- hurtle「高速で動く／突進する」
- extinction「絶滅」
  → extinguish「〜を消す／〜を滅ぼす」という動詞も覚えよう
- crisis「危機」
- current「現在の」
- species「種」
- botanical「植物学の」

パラグラフ2

- conservation「保存／保護」
  → conservative「保守的な」などと同語源
- organism「有機体／生物」

パラグラフ3

- present「〜を発表する／〜を送る」
- disturbing「困った／不安にさせる」
- transform「〜を変形する」
- fill「〜を埋める」
- convert「〜を変える」
- nitrogen「窒素」
- environment「(自然) 環境」
- fertilizer「肥料」
- fossil fuel「化石燃料」
- point out「〜を指摘する」
- domination「支配」
- indicate「〜を (指し) 示す」

パラグラフ4

・infinite「無限の」

・massive「大規模の」

・impair「〜を害する／〜を低下させる」

・function「機能する」

・assume「〜と思い込む／〜と仮定する」

・contain「〜を含む」

・coastal「沿岸の」

　→ coast「沿岸／海岸」という名詞も覚えよう

・hemisphere「半球」

・phosphorus「リン」

(英)(文)(解)(説)

　今回の英文は、かなり難度が高いので要注意！　ゆっくり考えていきましょう。

パラグラフ1

1文め

Human activity has altered nearly half of the land surface of the Earth, which is now hurtling towards an extinction crisis, an international conference heard yesterday.

構文解析しましょう。

Human activity has altered nearly half (of the land surface) (of the Earth),
　　　S　　　　　V　　　　　O

(which is now hurtling <towards an extinction crisis>),
　　　　　V

an international conference heard yesterday.

　前半部分は特筆すべきことはありません。訳は「人間の活動は地球の地表の半分近くをすでに変えてしまった」、そのあとは「地球」という唯一無二の存在の説明をするための「非限定用法」の関係代名詞節で、「今、消滅の危機に向かって突進をしている」です。

しかし、最後に困った箇所がありますね。すでにメインの SVO が出ているにも関わらず、最後に an international conference heard yesterday という**もう 1 つの SV が現れます**。この部分はどのような役割を果たしているのでしょうか？

　次のルールを覚えておきましょう。

Point88 挿入節としての SV

❶ 後ろに that 節を置ける形の SV

　例　everyone believes ／ it is often said など

❷ その that から先は書かない（that 自身も書かないことに注意）

❸ that から先の内容は、その文全体

　例　(1) He said that Emily had come here three hours before.

　　　(2) Emily, he said, had come here three hours before.

　訳　(1) も (2) も「エミリーは 3 時間前にここに来たと彼は言った」

　上記の例（2）のような形は頻繁に見かけるのではないでしょうか。

　本文では heard という hear の過去形が使われています。言うまでもなく、**hear は O に that 節をとれる V**。今回は、文中ではなく文末ですが、役割は同じで、**「国際会議は昨日（そのように）聞いた」という内容を付け足している**のです。

　最後に訳をまとめておきます。

　訳　人間の活動は地球の地表の半分近くをすでに変えてしまったが、その地球は今、消滅の危機に向かって突進をしているのである、ということを国際会議は昨日聞いた。

2文め後半

〜（　1　）one and two-thirds of all plant and animal species, most in the tropics, will be lost during the second half of the next century, more than 4,000 scientists from 100 countries （　2　）at the International Botanical Congress (a)being held in St Louis this week.

「すべての植物や動物の種の3分の1から3分の2、そのほとんどは熱帯地方にいるが、それらは次の世紀の後半のあいだに絶滅するだろう、と100か国から来た4000人以上の科学者は、今週セントルイスで開催された国際植物学会議で（　2　）」

▶ **英語における分数**

日本語で分数を書くときには、どう書きますか？　ノートなどに書くならば、次のように書くでしょう。

$$\frac{1}{3} \quad \frac{2}{3} \quad \frac{4}{3}$$

これは英語でも同じ。アメリカの数学の授業を見ても、黒板には上記のように縦長に書きます。

けれど、黒板やノートに手書きで書く**この縦長の形をPCで打つとなるとかなり大変**。現在の技術（2024年）では、今私が使っているMacBook Pro（2023年モデル）では「さんぶんのに」と打って変換キーを押しても、上記のような形は出てきません。

ならば通常分数はPCでどう書くか？　そう、**読み方のまま「三分の二」と書く**のですね。

ということで、英語の**分数の読み方**を覚えておきましょう。

Point89 分数の「読み方」＝「書き方」

次のように読む

$$\frac{1}{3}$$ = one (-) third

$$\frac{2}{3}$$ = two (-) thirds

分子が複数のときには分母側に s がつくのを忘れずに。

本文の場合、two-thirds ですから、これは「3分の2」と解釈しなければならないのです。

ついでに**問1**の問題も解いてしまいましょう。

まずは one and two-thirds of 〜の意味です。

これを「〜の1と3分の2（＝3分の5）」と読んだら明らかに変ですよね。

だって、「すべて」が「1」なのだから、それ以上の数はあるわけがないのです。

意味はわかりますか？

「全人類の3分の2」と言われれば「40億人くらいかな」と思いますが、「全人類の「3分の5」と言われたらどうですか？　「100億人」？　フツーそういう言い方はしません。

ということは、この one and two-thirds は「1＋3分の2」ではないのです。

では、and は何と何をつないでいるのでしょうか。

そう。あとは、one と two をつないでいるとしか考えようがないはず。つまり、「3分の1と3分の2」なのです。

そこまで考えたあとで、選択肢を見ます。

すると、**and** と呼応するよい言葉があるではないですか！　そう、**between** です。

between one and two-thirds、つまり「3分の1と3分の2のあいだ」なのです。そう読めば、すべての筋がとおります。

というわけで、**問1**の　正解　は①　**between** です。

パラグラフ2

1文め

Its president, Dr Peter Raven, a world leader in plant conservation and director of the Missouri Botanical Garden, said only 1.6 million organisms out of up to 10 million on the planet had yet to be scientifically recognized.

構文解析です。

> Its president, Dr Peter Raven, a world leader ～ and director ～、
>   S   =   =
>
> said [(that) only 1.6 million organisms ～ had yet to be ～　recognized].
>   V   O

▶ 潜在否定

次の 例題 を解いてみてください。

> 例題　和訳しなさい。
>
>   Jack is anything but a genius!
>
> 正解　ジャックが天才だなんてとんでもない！

　ジャックは天才では「ない」のです。

　しかし、どこにも否定表現はない。

　文章を読むときに、肯定と否定を取り違えるというのは致命的です。内容を逆に解釈してしまうのですからね。

　このように、否定表現のない否定表現を「**潜在否定**」と呼びます。

　最低限度、以下のものは覚えておいてくださいね。

Point90 潜在否定

・anything but ～	「けっして～ではない」
・〈the last ＋名詞＋ to V〉	「最も V しそうにない（名詞)」
・have [be] yet to V	「いまだ V していない」
・fail to V	「V しない」
・far from ～	「～は程遠い／～どころではない」
・be free from ～	「～がない」

　本文には **had yet to** V という表現があります。**yet は否定語ではないのに、意味は否定**ですから気をつけてくださいね。

> 訳　その議長、ピーター・レーブン博士は、植物保護における世界的第一人者で、ミズーリ植物園の園長であるが、彼が言ったことによると、地球上の最大1,000万のなかの160万の生物しかまだ科学的には承認されていない。

問1 英文解説で触れたので省略。

問2 **構文のチェック**をしておきましょう。

<If the current trends continue>,

between one and two-thirds of all plant　species
　　　　　　　　　S　　　　　　　　　　　and
　　　　　　　　　　　　　　　　　　　　　animal

<most in the tropics>

→ being を補って分詞構文

　will be lost during the second half of the next century,
　　　　V

more than 4,000 scientists from 100 countries （　2　） at the 〜 Congress
〜 .

　なかなか難解な構文ですね。

　まず between A and B は通常「前置詞＋名詞」に当たるので、S にはなれません。しかし、about 数値で「約〜」を前置詞＋名詞と考えて文型から外すことがないのと同じく、この between A and B も結局は「A と B のあいだくらい」という「だいたい〜」と言いたいだけですから、**そのまま S になれます。**

　その後、most in the tropics が出てきます。ここもあいだに **being を補い分詞構文を作り**、most being in the tropics「ほとんどが熱帯にいるが」とすると意味が通ります。

　そして肝心の（　2　）の部分ですが、1 つ前の文を見ると解答は見えてくるはずです。

Human activity has altered nearly half (of the land surface) (of the
　　S　　　　　　V　　　　　　O

Earth), (which is now hurtling <towards an extinction crisis>),
　　　　　　　　　　　　　V

<an international conference heard yesterday>.
　　　　　　　　　　S　　　　　　V

注目すべきは、最後に付け足されていた SV の部分。「国際会議が昨日聞いた」となっています。

ならば、（　2　）の部分も「聞いた」、つまり誰かによって「話された」のです。ということで、問2の 正解 は④ **were told** となります。

問3

Ving の識別問題です。4つを並べてみましょう。

---

① 　～ the International Botanical Congress (a) being held ～ .

② 　～ because of excess fertilizer use and (b) burning of fossil fuel.

③ 　～50 "dead zones" (c) containing little or no oxygen ～ .

④ 　～ excess nitrogen and phosphorus (d) flowing down the Mississippi river.

Ving には「**名詞句**」「**形容詞句**」「**副詞句**」の3つの役割がありました。

その役割を分けるのは、あくまで「**周りにある語句**」。同じ playing baseball でも、

Playing baseball is a lot of fun.

と言えば、is の S になっているので「**名詞句**」ですが、

The boy **playing baseball** over there is my son.

であれば、The boy にかかる「**形容詞句**」です。

では、今回の4つの場合はどうでしょうか？　「,」などで区切られてはいないので、「**副詞句**」はありません。

そうすると、これらは「**名詞句**」か「**形容詞句**」のどちらか、となります。そのように考えると、どれか1つは「**形容詞句**」にはなりえないものがありますね。

そう。②です。「**形容詞句**」は、直前に修飾する名詞があるもの。でも②にはありません。

今回は and が次の2つをつないでいるのです。

---

② 　～ because of excess fertilizer use

　　　　　　　and

　　　(b) burning of fossil fuel.

つまり、**because of** という前置詞のあとにくる「**名詞句**」として働いている

のです。

よって、 正解 は②となります。

問4

下線部のあとの about がヒント。これを組み合わせることができるのは learn のみ。そう考えると、主節の V は redouble しかなくなります。

そこまで決まれば、あとは簡単。おのずと次のように解答が決まります。

> 〜 we should redouble our efforts to learn (about 〜 .)

5番めにくる語は③ **efforts** です。

問5

空所の前の disturbing がすでに negative な意味ですから、ここに②を再び入れる必要はありません。

すると、あとは「**だんだん具体的にわかりやすくなってくる**」という原則を頭に入れると、「作物をつくる」「宅地にする」など、人間が商売をしていることが徐々にわかってきます。よって、 正解 は④ **economic**「経済の」となるわけです。

問6

後ろには名詞しかありませんから、**前置詞**④ **According to** を入れましょう。文法的に解く問題でした。

問7

まずは選択肢を見てみましょう。それぞれ **that** 節は「**名詞節**」「**形容詞節**」「**副詞節**」のどの形になっているでしょうか。

まず①は that の後ろが**不完全文**。よって、that は**関係代名詞**ですので、この節は直前の先行詞にかかります。ですから、「**形容詞節**」。

次に②は is の C になっていますので「**名詞節**」。

③は **so 〜 that** 構文をつくっています。ですから、「**副詞節**」。

④は後ろが**不完全文**。よって、**関係代名詞**で「**形容詞節**」。

本文中の that 節は、**pointed out** の目的語になっているので「**名詞節**」。

つまり、 正解 は②となります。

問8

問7と似ていますが、こちらのほうが簡単。本文中の **as** は**後ろに名詞しか持っていないので前置詞**です。選択肢のなかで**前置詞**は①のみ。 正解 は①です。

問9

impair は「〜を害する／〜を低下させる」という意味。 正解 は④　**damage** となります。

問10

「人間の活動が地球の陸地の表面を変形してしまったのは、（　　　　）によってである」

① 生物にとってとても危険な化学物質を使うこと
② 人間のために自然界を開発すること
③ 森や湿地を科学的に調査すること

①が惜しい気がしますが、「生物にとってとても危険な化学物質」という記述は本文中にありません。②に関しては、パラグラフ3の2文め以降に書いてあります。よって、 正解 は②。

全訳

　人間の活動は、地球の陸地の表面のほぼ半分を変えてしまった。そして現在絶滅の危機に向かって突進している、と国際会議で昨日発言された。もし現在の傾向が続くならば、すべての植物や動物の種の3分の1から3分の2、そのほとんどは熱帯地方にいるが、それらは次の世紀の後半のあいだに絶滅するだろう、と100か国から来た4000人以上の科学者は、今週セントルイスで開催された国際植物学会議で教えられたのだ。

　その議長であるピーター・レーブン博士は、植物保護における世界の第一人者で、ミズーリ植物園の園長であるが、彼が言ったことによると、地球上の最大1000万のなかの160万の生物のみしかまだ科学的には承認されていない。「世界的規模の絶滅の危機に直面して、その状況がなお比較的よく指摘されているあいだに、地球上の生命について学ぶ努力を2倍にすべきだ」と彼はつけ加えた。

　オレゴン州立大のジェーン・ルブチェンコ教授は、「人間の生活の質を維持する地球の能力における困った経済的傾向」を示す結果を発表した。彼女の「地球上の人間の足跡」についての研究によると、地球の陸地の表面の50%近くが人間によって変形されてしまっている。たとえば、湿地の埋め立て、背の高い草のプレーリーをトウモロコシ畑

に変えてしまうこと、森を都市部に変えてしまうことなどによってである。そして、過剰に肥料を使ったり、化石燃料を燃やしたりすることによって、人間は自然環境における窒素の量を2倍以上にしてしまった。ルブチェンコ教授は、陸地への人間の支配は明らかである一方、新しいデータはまた、地球上の海についても劇的に変化させてしまったことを示していると指摘した。

「我々は長いあいだ、海が人間に食べ物やそのほかのものやサービスを与える無限の能力を持っていると考えてきました。しかし、人間がもたらした海の大きな変化は、我々が思い込んでいるように機能する海の能力をだめにしているのです」とルブチェンコ教授は言った。今では沿岸水域にほとんど、もしくはまったく酸素を含まない「死の海域」が50も存在している。西半球にある最も大きな「死の海域」は、メキシコ湾にあり、それはミシシッピ川に流れる過度の窒素とリンが原因となっているのである。

❗重要語句

パラグラフ1

・decade「10年」
・immigrant「(入っていく側の) 移民」

パラグラフ2

・figure out「〜を理解する」
・load「〜を積む」

パラグラフ3

・set up「〜を設立する」
・settlement「定住」
・suburb「郊外」
　→通常、suburbsというように複数形で用いる

パラグラフ4

・renew「〜を更新する」
　→おなじみのrenewal「リニューアル」の動詞形
・conflict「衝突」
・mural「壁画」
・enormous「非常に大きな」
・as well as「…と同じくらい〜」

英文解説

パラグラフ1

> **2文め**
>
> This part of Chicago started small and got bigger, as most neighborhoods in the city did.

まずは構文解析から。

```
This part (of Chicago) started small
     S
                          and

                          got       bigger,
                          V         C
<as most neighborhoods (in the city) did>.
            S'                    V'
```

▶ **接続詞の as**

すでに Point41 で学んだ通りですが今回は4つのうち、どの意味でしょうか？

今回は明らかに did という言葉で言い換えをしています。内容は、前の started small and got bigger の箇所のことを言っているということで問題はないでしょう。つまり **意味は①様態となります。**

それとは別に注意すべき点があります。

started の後ろは small という原級の形容詞、ところが got の後は bigger という比較級です。

つまり got の方は「大きくなった」という変化の意味で問題はないのですが、started の方は「小さくなった」わけではなく、**「小さな状態で始まった」ことを言っている**のですね。間違わないように！

> **訳** シカゴのこの地域は、この街のほとんどの近隣地域がそうであるように、小さな状態で始まったが、だんだんと大きくなった。

3文め

Its cultural history is about moving, changing, and connecting.

「その（ピルセンの）文化の歴史とは移動、変化、つながりだった」

▶ **S be (all) about 名詞**

be 動詞の後に about 名詞という形があります。「～について」である、と意味を取ると、何か変ですよね。だからと言って、これをイディオムと呼んでよいのかは微妙なところですが、about の用法として覚えておいてほしいので、まとめておきます。

Point91 S be (all) about 名詞

　主語の「**本質**」を示す表現。「**S とは名詞であった**」、また all が入る場合、
「**S とは名詞としか言えない**」というような意味になる

11文め後半

~ newcomers moved to Pilsen so they could be near people who came
from the same country.

▶ so that S V

　Point16 で学んだ、いわゆる **so ～ that 構文とは別物**です。これは so that
がセットになっているものです。

　「え、so that って言われても、本文中には so しかないんだけれど…？」と思っ
た人がいると思うのですが、まあ落ち着いて。少なくとも今回の so は「だから」
という意味ではなさそうですよね（**「だから」の so は①文頭か②「,（カンマ）」
の後のどちらか**です）。

　では何なのか。次の形でまとめておきます。

Point92 2種類の so (that) S V

❶ **目的**の意味　「**～するために**」「**～するように**」

　形は S V ～ so that S' 助動詞 V'... という形が多い

❷ **結果**の意味　「**だから～**」

　形は S V ～ , so that S' V'... という形が多い

　今回は❶の形で、that が省略されているのですね。ですから、意味は「目的」
です。以下のような訳となります。

> 訳　新参者たちは、同じ国から来た人々の近くにいられるよう、ピルセン
> へと引っ越しをしたのだ。

設問解説

問1

1. it was a time of challenge and change for them

　challenge はかつて学んだように、日本語のニュアンスとは大きく異なる単語です。英語では「困難、苦難」という辛いニュアンスがメインとなります。よって、正解 は③「彼らは問題や新しい状況に直面した」となります。

2. published in their own language

　their が指しているのはドイツ人たち。ですので、ドイツ語で出版されたという意味です。ドイツ語で出版された理由は？　いくらアメリカに来たからといって、まだ全員が英語を勉強しているわけではない。彼らの母語はドイツ語です。ということは、その理由はみんなが理解できるようにということでしょう。よって、正解 は④「彼らが最もきちんと理解できる方法で手に入るように」となります。

3. kept coming to

　keep Ving で「V しつづける」という意味です。正解 は①。

4. looking for more opportunities

　look for は「〜を探す」。よって、正解 は①。

5. Now as in the past

　as は習ったばかりですね。イコールの意味です。「今＝過去」、つまり 正解 は②「以前とちょうど同じように」となります。

問2　選択肢の訳を見れば解答は一目瞭然でしょう。それぞれ対応箇所とともに載せておきます。

6. 最初のドイツ人の後にやって来た移民たちはなぜピルセンに留まることを決めたのか。

① 多くの家が手に入るのを利用するため。

② 地元のレストランでメキシコ料理を楽しむため。

③ よく知られている起業家たちが作るのを助けた郊外を見るため。

④ 地理的に同じエリアから引っ越してきた人々の近くにいるため。

→ 正解 は④。パラグラフ１の11文めに対応。

7. ピルセンに最初に着いた移民たちにとって協力と協働が大切だったのはなぜ
   か。
① 彼らは自分たちの生活を改善するためにお互い助け合う必要があったから。
② ある人々は生計を立てるために働きたくはなかったから。
③ すべての人々がより良い場所に引っ越したがったから。
④ 人々はほかのどこかに鉄路を建設する必要があったから。
→ 正解 は①。パラグラフ２全体の内容に一致。消去法で解いてもよい。

8. 壁画は何を表しているか。
① 人々にとっての良いビジネスへの機会。
② 有名なアーティストによる偉大な芸術作品。
③ 文化間の調和へのコミットメント。
④ ヨーロッパでの歴史的な出来事の描写。
→ 正解 は③。パラグラフ４の７文めに対応。

9. なぜピルセンは二度めに「シカゴの中心」と呼ばれるようになったのか。
① ピルセンがシカゴの州都になったから。
② 多くの人々がピルセンを永遠に去っていったから。
③ 多くの人々がピルセンを非常に愛していたから。
④ 新たにやってきたグループの故郷となったから。
→ 正解 は④。パラグラフ５の２文めに対応。

10. ピルセンのコミュニティを最もよく説明しているのは次のどれか。
① それは比較的近年作られた。
② それは大きな会社の影響を受けてきた。
③ それは新たな方法で継続的に発達してきた。
④ それは安定した経済を保ってきた。
→ 正解 は③。消去法で解きましょう。

　ピルセンは長い歴史とともにあるシカゴの古いコミュニティである。シカゴのこの地域は、この街の近隣地域のほとんどがそうであるように、小さな状態で始まったが、だんだんと大きくなった。その文化の歴史とは移動、変化、つながりだった。多くの人々が数十年かけてそこへ引っ越した。この移動が始まったのは、移民たちが、シカゴが急速に発展しているときに、そこの一部であるこの場所に定住することを選んだ頃だった。移民とは、ある国から別の国へ移動をする人間のことである。ピルセンの最初の移民たちはドイツ語を話した。彼らはドイツから引っ越してきたのだ。あなたが今日ピルセンを訪れたら、彼らが作り上げた場所のいくつかを見ることになるだろう。しかし、彼らがはじめに移動をしてきた頃、まだほんのわずかな家しかそこにはなかった。その後、移民たちはそこへ移動を続けた。新参者たちは、同じ国から来た人々の近くにいられるよう、ピルセンへと引っ越したのだ。

　多くの移民がピルセンで家と仕事を見つけたが、それは彼らにとって困難と変化の時代であった。彼らは新たな国での生き方を理解しなくてはいけなかった。住むための場所を見つけなくてはならず、収入のための雇用も必要だった。彼らはシカゴ川沿いの鉄路や波止場で、木材を積んだり降ろしたりして働いたし、工場でも働いた。彼らには自分たちの新しい国で家庭を作るためにしなくてはならないことがたくさんあり、その変化を達成することは簡単ではなかった。協力と協働がそれぞれの家族、引いては共同体全体の前進には重要であった。

　新参者たちは、教会を建て、公園を作り、店を開き、新聞社を設立した。新聞は自らの母語で出版され、自分たちのコミュニティや町全体について、記事や社説を通じて、新参者を教育する方法だったのだ。多くの起業家はビジネスを始め、やがてコミュニティは栄えるようになった。多くのソーシャルワーカーたちがこの進歩を支えていた。彼らはコミュニティに入って来つづける移民たちを導いたのだ。彼らは移民向けの家を建てたが、そこで人々は英語を学び、仕事や住居を見つける手助けを得た。しかし、その後、コミュニティから出ていく動きも生まれた。それは郊外やその街の他の場所へのローカルな移動だった。人々はさらなるチャンスを求めていたのだ。人口が減るにつれて、ビジネスも終わるようになった。

　その後、ピルセンに引っ越しをする別の動きが現れた。そのシンボルは今日、1831 South Racine に行っても見ることができる。そこでカーサ・アストランを見ることになるだろう。それはメキシコ系アメリカ人の中心部である。約50年前、シカゴの別の地域からピルセンに、多くのメキシコ系アメリカ人が移動してきたのだ。そして、コミュニティは新たなものとなった。彼らはそこの建物を好んだが、メキシコ系アメリカ人のコミュニティを作りたがった。彼らはピルセンの教会にも加わった。衝突を避けるため

に、メキシコ系アメリカ人とヨーロッパ系アメリカ人のリーダーは、ピルセンが進歩を続けるための協働の方法について話し合った。2つのグループがともに働く一つの方法が、壁画、つまり壁に強大な絵を描くことだった。ピルセンには今もその時代に作られた美しい壁画がたくさんある。その壁画を見るとき、ドイツやその他のヨーロッパの国々を象徴するものとともに、メキシコの歴史を代表するものも目に入るだろう。それらはそのような協働を通して作られたつながりを表す異文化間の芸術なのである。

ピルセンは人々がシカゴに定住し始めたとき、「シカゴの中心」と呼ばれていた。その後、大移動があった。しかし、二回目の移動を経て、再び「シカゴの中心」となった。このときはメキシコからの家族たちのものだった。人々はビジネスを始め、メキシコ系アメリカ人のコミュニティのグループはその共同体の家族を支えた。今でも過去と同じように、シカゴのこの地域に引っ越してくる人々を助けるための組織が存在している。

Point一覧

栗山　健太（くりやま　けんた）
　1977年生まれ。国際基督教大学教養学部人文科学科卒業。
　2002年より現在まで代々木ゼミナール講師。授業のモットーは、
「自力で考える力を与える」こと。結論ありきの解説ではなく、結論
に辿り着くまでの道のりを、普遍的な方法で、受験生自身の力で見つ
けられるように、例題をたくさん用いた授業を行っている。
　著書に『栗山健太の　考え方と解き方がわかる英文法スペシャルレ
クチャー』、『世界一わかりやすい　法政大の英語　合格講座』（以上、
KADOKAWA）など。

音声ダウンロード付
最速で突破する　英語長文
［1　入試基礎〜GMARCHレベル］

2024年7月2日　初版発行

著者／栗山　健太

発行者／山下　直久

発行／株式会社KADOKAWA
〒102-8177　東京都千代田区富士見2-13-3
電話　0570-002-301（ナビダイヤル）

印刷所／株式会社加藤文明社印刷所
製本所／株式会社加藤文明社印刷所